파브르 식물 이야기 ❶

여러 가지 식물의 눈

식물도 눈을 갖고 있어요

꽃이나 잎을 틔우는 식물의 눈은
갖가지 모양을 하고 있습니다.
보드라운 털에 감싸여 있는 털눈,
매끈한 비늘로 덮여 있는 비늘눈,
맨살이 그대로 드러난 알눈,
땅 속에서 싹을 틔우고 나오는
땅속눈 등 여러 가지 모양을
하고 있지요.

하얀목련(털눈)

칠엽수(비늘눈)

버들강아지(비늘눈)

참나리(알눈)

동백(비늘눈)

둥굴레(땅속눈)

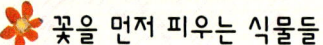 꽃을 먼저 피우는 식물들

잎도 나기 전에 꽃을 피우는 목련

봄이 오면 온 산에 활짝활짝 꽃이 핍니다.
가만히 살펴 보세요.
잎이 나오기도 전에 꽃을 먼저 피우는 식물들이 참 많군요.
개나리, 매화, 살구…….
봄에 피는 꽃들은 주로 꽃이
먼저 피어납니다.

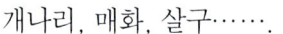

목련

산수유

🌸 뿌리 식물과 땅속줄기 식물

감자는 뿌리가 아니라 줄기래요

흔히 땅에서 캐낸 것들을 뿌리라고 합니다.
하지만 많은 것들이 사실은 땅속줄기랍니다.
뿌리와 땅속줄기의 차이는
눈이 있느냐, 없느냐로 구별됩니다.
뿌리에는 싹을 틔우는 눈이 없고,
땅속줄기에는 눈이 있답니다.

무

더덕

뿌리 식물

고구마

대나무

땅속줄기 식물

감자

마늘

✽ 웅진 포토피아 외의 사진들은 모두 김태정 선생님의 사진들입니다.

쑥쑥문고 27

파브르 식물 이야기 1

1999년 5월 5일 처음 펴냄
2014년 6월 20일 23쇄 찍음

글쓴이	이상권
그린이	이상권
펴낸곳	(주)우리교육
펴낸이	신명철
인쇄제본	상지사 P&B
등 록	제313-2001-52호
주 소	121-841 서울특별시 마포구 월드컵북로 43(서교동)
전 화	02-3142-6770
팩 스	02-3142-6772
홈페이지	www.uriedu.co.kr
이메일	urieditor@uriedu.co.kr

- 잘못된 책은 구입하신 서점에서 바꾸어 드립니다.
- 이 책의 내용을 쓰려면
  반드시 저작권자와 (주)우리교육에 서면 허락을 받아야 합니다.
- 책값은 뒤표지에 있습니다.

ⓒ 이상권, 1999

ISBN 978-89-8040-528-2   73810
ISBN 978-89-8040-527-5   (세트)

파브르 식물 이야기 1

장 앙리 파브르 지음   이상권 풀어 씀

우리교육

이 책을 읽는 어린이들에게

동화처럼 재미있는 식물들의 속삭임

　며칠 전, 나는 우연히 초등학교 3학년 교과서를 보게 되었지. 국어책에 파브르 어린시절 이야기가 나오더구나. 아, 얼마나 반가웠는지 모른단다.
　왜 반가웠냐고?
　내가 어렸을 때 본 이야기였거든. 그 때 나는 파브르 어린시절 이야기를 재미나게 읽었어. 그러다가 어느 날 도서관에서 파브르 곤충기를 찾아내고 얼마나 기뻤는지 몰라.
　어쨌거나 틈만 나면 곤충기를 읽었지.
　그리고 대학 1학년 때, 파브르가 《식물기》도 썼다는 사실을 알았어. 그 때부터 아저씨는 식물기를 너희들에게 들려 주고 싶어서 입이 근질근질했단다.
　이제라도 그 이야기를 들려 줄 수 있어서 기쁘구나.
　파브르는 아이들을 위해서 식물기를 썼단다.
　하지만 식물기 내용이 어려워서 어른들도 읽기가 힘들어. 식물의 세계란 워낙 복잡하고 어렵기 때문이야.

　나는 파브르 이야기를 충분히 되새김질한 다음, 새로 꾸미고 덧붙여서 너희들과 이야기하듯이 끌어갔어. 파브르가 쓴 글이지만, 여기서 이야기를 끌어가는 사람은 아저씨야.
　이야기에서 예로 든 식물도 우리 주변에서 볼 수 있는 식물로 바꿨지. 가령 '다알리아'의 뿌리를 설명할 때는 고구마를 예로 들었어. 다알리아 뿌리나 고구마 뿌리는 비슷하거든.
　한마디로 아저씨는 파브르 식물기를 새로 쓴다는 마음으로 쓴 거야. 그러니 동화책을 보듯이 쉽게 읽을 수 있을 거야. 이 책만 보아도 식물에 대해서는 박사가 될 거다.
　읽고 친구들끼리 토론도 해 보고, 직접 관찰도 해 보렴. 조금만 관심을 가지면 되거든. 별 거 아냐. 집 주변에서 쉽게 할 수 있어.
　자, 모두 귀를 기울여 봐. 그리고 말을 걸어 봐. 녀석들의 작은 속삭임을 들을 수 있을 거야. 마음이 통하면 어디에서건 이야기를 나눌 수 있을 테니까.

1999년 봄에
이상권 아저씨가

파브르는 누구일까요?

꽃과 나무와 벌레를 사랑한 고귀한 삶

꽃과 나무와 벌레들을 아주아주 사랑하여, 평생을 그들과 함께 지낸 사람이 있습니다. 장 앙리 파브르이지요.

파브르는 1823년에 프랑스의 생레옹이라는 시골 마을에서 태어났습니다. 집안이 너무나 가난하여, 학교에 들어가기 전까지는 산골 할아버지 댁에서 지냈지요. 산과 들을 마음껏 뛰어다니던 그 때 기억들이 파브르 삶에 많은 영향을 주었다고 합니다.

파브르가 초등학교를 마치고 중학교에 다닐 무렵, 식구들은 가난을 이기지 못해 뿔뿔이 흩어졌습니다. 파브르는 닥치는 대로 일을 했지요. 그러다가 아비뇽 사범학교에 장학생으로 들어갑니다. 그곳에서 파브르는 좋아하는 식물이나 곤충 공부를 혼자서 꾸준히 해 나갑니다.

학교를 졸업하고 파브르는 초등학교 선생님이 됩니다. 그러나 월급이 너무 적어서 생활하기는 여전히 어려웠습니다. 그러는 중에도 파브르는 혼자 힘으로 공부하여 수학, 물리학, 생물학 학사 학위를 받습니다.

중학교 선생님이 된 파브르는 동료 선생님과 결혼하여 가정을 꾸립니다. 그러다가 어느 날, 레옹 뒤프르가 쓴 '진노래기벌의 습성'을 밝힌 연구를 읽지요. 강한 충격을 받고는, 이전보다 더욱 열심히 곤

충 연구에 파고듭니다.

　세월이 흐른 뒤에 파브르는 연구에만 몰두하여 《과학 이야기》를 비롯한 아주 많은 책을 써 냅니다. 그리하여 쉰다섯 살이 되던 1878년에는 《곤충기》 제1권을 펴내지요.

　좀더 조용한 곳을 찾아 파브르네 식구들은 세리니앙에 정착합니다. 그곳은 사람 손길이 거의 미치지 않은 황무지 같은 곳이었습니다. 뜨거운 햇빛을 받으며 파브르는 온종일 들판에 앉아 쇠똥구리나 개미 등을 관찰했지요. 세상을 떠나던 1915년까지 파브르는 그곳에서 열 권의 《곤충기》와 《식물기》를 써 냅니다. 이 책들은 지금도 세상에서 널리 읽히고 있습니다.

　파브르가 아주 늙어서야 사람들은 뒤늦게 파브르가 해낸 일들을 깨닫게 됩니다. 프랑스 정부는 그에게 여러 훈장을 내리고, 1910년 4월 3일에는 '파브르의 날'을 경축하는 행사도 엽니다. 세상 사람들은 비로소 위대한 파브르의 업적을 칭송했지요.

　1915년 10월 11일, 파브르는 고요히 눈을 감습니다. 마치 나무나 꽃, 벌레들이 조용히 잠드는 것처럼 말이지요. 비석에는 "죽음은 마지막이 아니라 더욱 고귀한 삶으로 출발하는 것이다"라는 파브르의 말이 새겨져 있다고 합니다.

차례

첫 번째 이야기 · 16

동물과 식물은 형제라는데요?

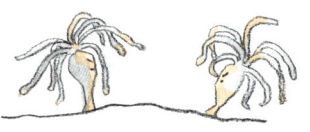

두 번째 이야기 · 44

배내옷을 입은 식물의 아기들

세 번째 이야기 · 58

감자는 뿌리가 아니래요

네 번째 이야기 · 74

나무도 주민등록증이 있어요

다섯 번째 이야기 • 96
무엇이든 만들어 내는 마술사

여섯 번째 이야기 • 112
억세게 살아가는 곰팡이와 버섯

일곱 번째 이야기 • 134
누구 줄기가 더 튼튼할까요?

여덟 번째 이야기 • 146
밑의 지혜를 배워서 날아 다니는 새

첫 번째 이야기

동물과 식물은 형제라는데요?

 머리가 오십 개나 달린 무서운 괴물 이야기

어디서부터 이야기를 시작할까요?

아, 그렇군요. 옛날 이야기부터 시작하지요. 여러분들은 옛날 이야기라는 말만 들어도 눈이 초롱초롱해지니까요. 여러분들은 그리스라는 나라를 잘 알 겁니다. 이 이야기는 그리스 신화에 나오는 이야기랍니다.

옛날 그리스에 헤라클레스라는 사내가 있었대요.

헤라클레스는 그리스 신화에서 최고의 영웅인 제우스 신의 아들이에요.

제우스 신은 모든 신과 인간의 아버지라고 불려요. 또 세상 모든 일을 제우스 신이 맡아서 다스린다고 전해 옵니다.

헤라클레스는 아주 힘이 센 사람이었어요.

죽은 사자를 나무에다 꿰어서 메고 다녔고, 몽둥이로 산줄기를 쳐서 바다를 메우기도 하였으니까요. 여러 사람들을 모아 놓고 힘자랑도 했습니다. 턱으로 무쇠를 들어올렸고, 주먹으로 돌덩이를 깨뜨렸으며, 칼이나 불붙은 종이를 먹기도 하였습니다.

　바로 그 무렵, 지옥에서 살던 머리가 오십 개나 달린 괴물이 나타났지요.

　괴물 머리는 뱀 모양이었어요.

　괴물은 닥치는 대로 사람이든 동물이든 잡아먹었답니다.

　사람들은 그 괴물만 나타나면
"머리가 오십 개 달린 괴물이다. 도망쳐라!"

하고, 무조건 도망치기에 바빴대요. 워낙 무서웠거든요.

아주 무술이 뛰어난 무사가
"이놈, 내 칼을 받아라!"
하고 번개같이 괴물의 목을 잘라 냈어요. 그런데 어찌 된 일일까요?
"아니, 저럴 수가……. 잘린 부분에서 다시 목이 생겨나다니……."
그래요. 머리가 잘려 나가자 또 다른 머리가 돋아났답니다.

아무리 칼로 잘라도 소용없고요. 많은 무사들이 한꺼번에 달려들어 그 괴물의 목을 베어도 죽지 않았어요. 피가 솟는가 싶더니 다시금 머리가 돋아나거든요. 그러고는 무시무시한 혓바닥으로 무사들을 잡아먹었어요.

사람들은 그 괴물을 '히드라'라고 불렀대요.

바로 그 괴물을 헤라클레스가 가만둘 리가 없었지요. 헤라클레스는 괴물에게 달려들어 머리를 자른 다음
"네 이놈, 다시는 지옥에서 나오지 못하도록 해 주

겠다!"
하고는 시뻘건 불로 목을 지져 버렸대요. 그러니까 괴물 목은 다시 돋아나지 않았어요.
　이렇게 해서 히드라는 괴물을 죽였답니다.

　여러분, 내가 왜 괴물 이야기를 했을까요?
　진짜 히드라에 대한 이야기를 하기 위해서랍니다. 물론 진짜 히드라는 머리가 오십 개 달려 있지도 않아요. 무시무시한 괴물도 아니고요. 우연히 그리스 신화에 나오는 괴물하고 이름이 같을 뿐이지요. 하지만 비슷한 면도 많거든요.

 히드라는 목이 되살아날까요?

　앞에서 한 이야기는 옛날 이야기니까 사실대로 믿을 수야 없지요.
　그렇다면 우리가 알고 있는 히드라가 동물인지 식물인지 알아볼까요?
　히드라는 우리 주변에서 흔히 볼 수 있는 생물이에요. 몸은 약 2센티미터밖에 되지 않아요. 주로 연못이나 늪지대에서 살지요. 작은 물풀들이 많은 곳을 좋아해요. 흐르는 물보다는 고여 있는 물을 더 좋아하고요.

히드라는 누구나 직접 볼 수 있어요.

물컵에다 넣고 기를 수도 있고요. 조금도 무섭지 않아요. 잡을 때는 몽둥이도 필요없답니다. 그냥 손으로 집으면 돼요. 그러니 여러분도 잡아 보세요. 다만 너무 세게 누르면 터져 버리니까 조심하세요.

히드라는 자유롭게 움직이는 팔이 달려 있습니다. 그 팔로 헤엄을 치기도 하고, 작은 먹이가 지나가면 휘감아서 입으로 가져간답니다.

히드라도 입이 있습니다. 다만 사람들 입하고는 약간 다르지요. 먹이를 먹기도 하고, 똥이나 오줌을 배설하기도 하거든요. 입인 동시에 항문이지요.

자, 여기까지만 들어도 히드라가 동물인지 식물인지 알겠지요?

맞아요. 히드라는 작은 동물이랍니다.

어느 날 나는 연못에서 히드라를 잡았답니다.
나는 그놈들을 한 마리씩 물컵에다 넣었어요.

히드라의 입은 입인 동시에 항문이랍니다.

몇 시간 지나니까 그놈들은 자기들 고향을 잊어버린 듯하더군요. 몸을 컵에다 붙이고 나가는 먹이를 여덟 개 팔로 잡아 챌 자세를 취했어요.

"아저씨, 왜 히드라를 잡아 오셨어요?"

아 참, 그 이야기를 해야겠군요. 내가 히드라를 잡아 온 이유는 그리스 신화에 나오는 히드라 괴물처럼 목을 잘라 내면 또 다른 목이 돋아나는지 알아보려고 그랬답니다.

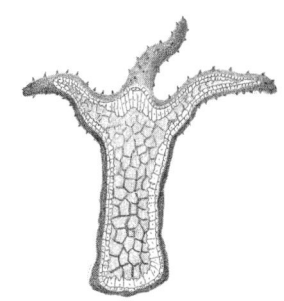

히드라를 길게 자른 모습
히드라의 몸은 긴 원통 모양으로 되어 있고, 촉수로 먹이를 잡아먹습니다.

여러분들도 해 보고 싶지요? 그렇다면 꼭 해 보세요. 아주 재미있을 테니까요.

여러분, 나는 침착하게 가위를 집었어요. 그러고는 히드라 한 마리를 잡아서 목을 잘라 버렸답니다.

너무 잔인한 짓이 아니냐고요?

여러분, 너무 이상하게 생각하지 마세요. 나 역시 죄 없는 동물을 잡아서 죽이는 것을 보여 주려고 한 짓은 아니니까요.

자, 목이 잘린 히드라는 어떻게 될까요? 물론 그리스 신화에 나오는 괴물처럼 다시 목이 돋아나지는 않았어요. 그럼 어떻게 되었을까요? 죽었다고 생각하겠지요?

하지만 천만의 말씀. 히드라는 그 이름이 부끄럽지 않게 쉽게 죽지는 않았거든요.

처음에는 몸통에서 떨어진 목이 아파서 꼼지락거리더니 점점 안정을 되찾았어요.

그 다음날에는 잘려진 목이 아무 일도 없었다는 듯이 먹이를 찾아다니고 있더군요. 몸통도 마찬가지고요. 없어진 목을 단념하고는 평소대로 움직였어요.

그렇게 하루 이틀 사흘이 지났습니다. 그리고 컵 속을 보았더니 컵 속에는 한 마리가 아니라 두 마리가 꿈틀거리고 있지 뭡니까? 가위로 자르기 이전의 완전한 모습으로요.

"혹시 누가 몰래 넣어 둔 게 아닐까요?"

허허허, 그럴 가능성은 거의 없어요. 내 방에는 아무도 들어올 수 없는걸요.

잘려진 목과 몸통은 각각 완전한 히드라가 되어 있었어요. 믿기지 않지만 사실이랍니다.

며칠 전까지만 해도 그들은 한몸이었으나 이제

내가 나야?
내가 너야?

는 다른 몸이 되었어요.

만약 먹을 게 없다면

"너라도 잡아먹어야겠다!"

하고, 그놈들은 서로를 잡아먹으려고 할 겁니다.

참 놀랍지요? 비록 괴물처럼 머리가 돋아나지는 않았지만 또 다른 히드라가 되니까요. 잘린 목에서 새로운 목이 나오는 이야기보다 더 놀라운 사실입니다.

 가재의 집게발은 짝발이래요

히드라와 비슷한 동물 이야기를 하나 더 해 볼까요?

여러분들은 가재를 잘 알겠지요? 맑은 개울가에서 돌멩이를 들추며 가재를 잡다 보면 어찌나 재미있는지 해지는 줄도 모른답니다. 가재 잡는 일은 무척 즐겁거든요. 실은 나도 그랬답니다.

하지만 간혹 가재잡기를 두려워하는 친구들도 있어요. 왜냐고요? 펜치같이 무시무시한 집게발 때문이에요. 그 집게발에 꼬집히면

"으아악! 사람 살려!"

소리지를 만큼 아프거든요.

그러나 많은 아이들은 용감하게 가재를 잡습니다.

"어어, 이 가재는 집게발이 다르네. 짝발 아냐? 하나는 아주 큰데 하나는 아주 작아. 어떻게 된 거지? 혹시 기형아가 아닐까?"

그러면서 고개를 갸우뚱하는 경우가 있어요. 맞습니다. 가재 집게발은 짝발이거든요.

하나는 굵고 튼튼하고, 하나는 가늘고 작답니다.

이렇게 짝발인 이유는 가재 집게발이 떨어져 나갔기 때문이랍니다. 그러면 새로운 집게발이 돋아나거

든요. 그러니까 나중에 돋아난 집게발이 작을 수밖에 없지요.

여러분, 이런 실험을 해 보세요.

가재 두 마리를 잡아 놓고 죽은 개구리를 넣어 보세요. 그러면 두 마리 가재는

"이건 내꺼야!"

"아냐, 내가 먼저 봤어. 그러니까 내꺼지."

싸우다가 한 마리는 한쪽 발을 잃을 것입니다.

그래도 가재들은 대수롭지 않게 생각해요. 곧 새로운 발이 돋아나기 때문이지요. 새로 난 발은 아주 약해요. 그러나 점점 자라면서 전쟁터에 버리고 온 무기만큼 튼튼해지거든요.

여러분, 참 신기하지요?

물론 잘려 나간 집게발은 썩는답니다. 그것이 히드라와 달라요.

만약 히드라와 비슷하다면 잘려 나간 집게발이 또 한 마리 가재가 되어야 하니까요.

가재는 자기 집게발이 다쳐서 쓸모 없다고 판단하면 스스로 잘라 버립니다.

얼마든지 새로운 발이 돋아나니까요. 집게발 외에

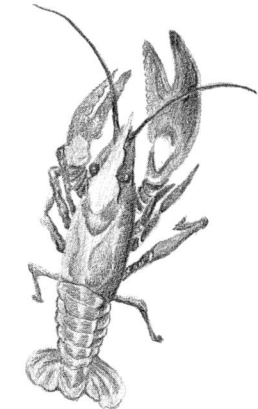

가재

새로 돋아난 발은 처음에는 아주 작고 약하지만 점점 튼튼해집니다.

다른 발은 달라요. 다른 발은 한번 잘려 나가면 다시는 돋아나지 않거든요.

사람은 두 팔 중에서 하나만 잃어도 불구가 됩니다.
만약 잘려 나간 팔이 또 하나의 사람이 된다면 큰일이지요.
만약 아버지가 손톱을 자른다고 생각해 보세요.
잘려 나간 손톱들이 각각 살아나서
"나를 아버지라고 불러라."
"어험, 나도 아버지다!"
하고 말하면 큰일이잖아요?
가재처럼 팔이 다시 돋아난다면 모르겠지만요.

아무것도 먹지 않는 히드라 새끼

"아저씨, 그러면요, 히드라를 수백 개로 토막 내서 물 속에다 뿌리면 어떻게 돼요?"
"그러면 수백 마리의 히드라가 되나요?"
좋은 질문입니다. 당연하지요. 수백 마리 히드라가 됩니다.

그래서 더욱 신기하지요. 온몸을 토막내서 뿌려도 모두 살거든요.

"우와, 믿을 수 없어요."

"그런데 아저씨는 식물 이야기를 한다면서 왜 히드라 이야기를 했어요? 히드라가 식물하고 무슨 관련이 있나요? 히드라는 분명히 동물인데요."

아하, 그렇지요. 나는 식물에 대한 이야기를 하려고 히드라에 대한 이야기를 한 겁니다. 틀림없어요.

이제부터 그 이야기를 시작할까 합니다. 사실 여러분도 모르는 사이에 그 이야기는 벌써 시작되었거든요. 식물을 이해하기 위해서는 동물을 참고로 하는 것이 좋답니다.

그런 뜻에서 히드라에 대한 이야기를 덧붙일게요.

시간은 많으니까 서두르지 않기로 해요.

히드라를 잡아다 물 컵에다 넣어 보세요.

몇 주일이 지나면 히드라 긴 팔에는 혹이 생깁니다. 그 혹은 점점 커져서 마침내 꽃봉오리가 터지는 듯한 모양이 되거든요.

만약 히드라가 꽃을 피웠다고 하면
"에이, 거짓말요. 앞에서는 분명히 히드라가 동물이라고 하셨잖아요? 그런데 어떻게 꽃을 피워요?"
하고, 여러분들은 분명히 머리를 흔들겠지요.

예, 그렇습니다. 꽃 모양으로 피는 히드라의 혹은 꽃이 아니에요. 나무줄기의 눈에서 새로운 가지가 생겨나듯, 어미 히드라 몸 속에다 뿌리 모양의 탯줄을 둔 히드라 새끼랍니다.

히드라는 그런 식으로 번식을 하지요.

물론 사람들이 히드라 몸을 수십 개로 토막내도 그 토막들은 완전한 히드라가 돼요. 하지만 히드라 자기 혼자서 몸을 토막낼 수는 없지요.

히드라도 사람들이 토막내는 것을 싫어합니다. 그러고는 자기들의 독특한 방법으로 번식을 합니다.

히드라를 키우다 보면
"허허, 히드라가 나무 모양으로 변했네."
하고, 어느 날 아침에 스스로 놀라게 됩니다. 정말 영락없이 나무 모양으로 변합니다. 얼핏 보아서는 동물인지 식물인지 구분이 되지 않게 돼요. 그러니까 히드라는 식물을 닮은 동물임을 알 수 있어요.

어쨌든 히드라는 동물입니다.

식물처럼 꽃피는 모양을 하면서 번식을 하지만 동물이랍니다. 일단 마음대로 움직이니까요. 또한 바늘로 찌르면 무척 아파하거든요. 식물은 아픔을 느낄 수 없잖아요?

그래서 우리는 히드라가 동물인지 쉽게 알 수 있습니다.

히드라는 식물처럼 행동을 해 온 셈입니다.

꽃피는 모양으로 새끼를 낳은 어미 히드라는 새끼를 아주 잘 키워요. 어린 새끼들은 약하거든요. 그래서 엄마 히드라는 새끼를 배에다 달고 다니는 거예요.

캥거루가 새끼를 배주머니에다 담고 다니는 것과 똑같아요.

그러나 캥거루와 달리 어린 히드라는 젖을 먹지 않아요. 그 대신 엄마의 위와 연결된 탯줄로 영양분을 받아먹지요.

엄마가 먹이를 잡아먹고 소화시킨 다음
"우리 아가 빨리빨리 자라거라!"

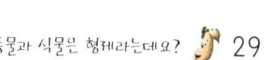

하고는 탯줄로 영양분을 보내 줍니다.

그래서 아기 히드라는 아무것도 먹지 않건만 잘 자랍니다.

입으로 먹지 않아도 배가 부르니 얼마나 재미있는 방법이겠어요?

엄마 히드라는 새끼가 혼자서 살아갈 수 있다고 판단되면

"애야, 이제 엄마와 헤어질 때가 되었구나. 너는 충분히 자랐어. 이제 혼자서 살아가야 해. 엄마가 너를 늙어 죽을 때까지 키울 수는 없는 거란다. 너도 어른이 되면 엄마 마음을 알 거야."

그러면서 단호하게 탯줄을 끊어 버립니다.

 ## 공동으로 살아가는 폴립 마을

"아저씨, 히드라보다 더 식물을 닮은 동물은 없어요?"

있고말고요. 지금부터 그 동물에 대해서 이야기할까 해요.

여러분, 산호를 잘 알지요?

사람들은 산호로 목걸이나 구슬을 만든답니다.

산호는 돌멩이만큼 단단하거든요. 산호 위에는 아주 예쁜 꽃들이 피어 있어요.

우리가 알고 있는 산호란 딱딱한 것을 말하고, 울긋불긋한 꽃은 '폴립'이라는 동물입니다.

그러니까 산호는 살아 있는 게 아니지요. 산호를 만들면서 살아가는 폴립이 살아 있는 거예요.

우렁이 껍질을 산호라고 한다면 우렁이는 폴립이라고 할 수 있어요.

우렁이는 살아가면서 껍질을 더욱 크게 만들어 갑니다.

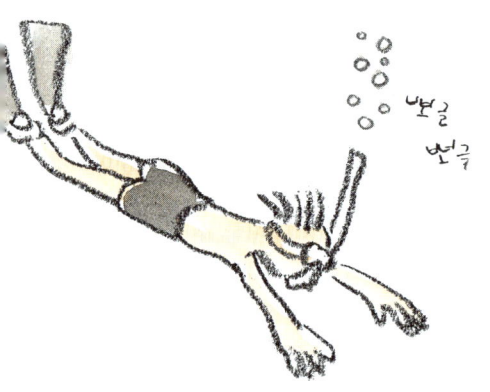

폴립도 살아가면서 산호를 더욱 크고 단단하게 만들어 가지요.
산호는 폴립의 보금자리거든요. 폴립은 산호에서 살아가는 주민이고요.

폴립도 여러분들처럼 각자 개성이 다르고 생김새도 달라요.
수많은 폴립들은 혼자서 살지만, 창자는 서로 연결되어 있어요. 그래야 굶어 죽지 않으니까요.
사람이라면 상상도 할 수 없을 겁니다.
많은 폴립 중에서 어느 한 마리만 먹이를 먹어도
"아, 오늘은 굶을 걱정을 하지 않아도 되겠구나. 동쪽에 있는 초록 폴립이 작은 물고기를 잡았대."
하면서, 그 양분이 모두에게 돌아가니까 다른 폴립들은 안심한답니다.

"우리들은 일을 하지 않아도 굶어 죽을 염려는 없어요. 하지만 사람들과 달리 게으름을 피우는 폴립은 없어요. 그래서 싸우지 않고 살 수 있지요."

폴립의 자랑처럼 그들은 절대로 싸우지 않아요. 경쟁관계가 아니거든요.

폴립들은 꽃잎처럼 몸을 펼쳐서 바닷물에 실려 오는 작은 먹이를 잡아먹습니다.

어떤 놈은 많이 잡고 어떤 놈은 한 마리도 못 잡는 경우가 있어요. 그래도 상관없답니다.

영양분은 모두에게 골고루 나누어지니까요.

여러분들도 그렇게 살았으면 좋겠다고요?

정말 그럴까요? 생각해 봐요. 아주 싫어하는 음식도 무조건 먹어야 하는걸요. 그래요. 열심히 일해서 만들어 먹는 음식이 최고랍니다.

폴립들은 살기 위해서 어쩔 수 없이 그런 생활을 한다고 봐야지요.

그럼 거대한 폴립 마을이 어떻게 만들어지는지 알아보기로 해요.

무엇이든 처음에는 하나부터 시작한답니다.

폴립 마을도 그래요.

처음에는 폴립 한 마리가 떠돌아다니다가 바위에 붙어요.

바위에 붙은 폴립은 꽃 모양으로 생긴 새끼를 낳아서 기릅니다. 히드라와 비슷하지요. 폴립 새끼들도 엄마의 뱃속으로 탯줄이 연결되어 있습니다.

그러나 폴립은 히드라처럼 모질지 못해서

"어떻게 내 자식을 떼어 버릴 수가 있겠니? 하지만 이제 너도 어른이니까 일을 해야 한단다. 누구나 일을 해야 해. 더욱 튼튼하게 산호도 만들고 물고기도 많이 잡아야지."
하고, 탯줄을 자르지 않고 그대로 살아가지요.

어린 폴립이 자라면 탯줄은 서로에게 음식을 주고 받는 역할을 하게 되지요.

어린 폴립은 어른이 되어 번식을 해도 탯줄을 잘라 내지 않아요. 그러다 보니 커다란 폴립 마을이 만들어 지게 되지요. 폴립들은 뭉쳐야만 산다는 것을 알거든요.

산호

여러 가지 모양의 산호는 윗부분은 폴립, 아랫부분은 폴립의 똥으로 만들어집니다.

 산호 목걸이는 폴립의 똥이래요

여러분, 그렇다면 딱딱한 산호는 어떻게 만들어질까요?

우습게도 산호는 폴립들이 내놓는 똥이 바위에 쌓여서 만들어진답니다.

폴립이 늘어갈수록 산호도 커지게 되지요. 달팽이가 커질수록 그 껍질이 커지는 것하고 똑같다고 생각하면 틀림없어요.

산호는 그렇게 만들어져요.

사람들이 좋아하는 산호 목걸이는 폴립 똥이랍니다.
하지만 산호 보석을
"폴립 똥이래. 우리들은 폴립 똥을 좋아하고 있는 거야."
하고 생각하는 사람은 아무도 없지요.
심지어 산호와 폴립을 구분하지 못하는 어른들이 대부분인걸요.
만약 그런 사람이 있으면
"산호는 폴립이라는 동물을 떠받치고 있는 딱딱한 물질이고요, 아름답게 핀 꽃은 산호가 아니라 폴립이랍니다. 폴립은 식물을 닮은 동물이고요."
하고 말해 주세요.

 나무 마을 전체를 위해서 살아가는 눈

이번에는 반대로 폴립을 닮은 식물을 알아보지요.
식물이 얼마나 폴립을 닮았는지 볼까요?
식물을 자세히 보면 폴립하고 아주 비슷하다는 사실을 알게 됩니다.
수많은 식물 가지에는 각각 혼자서 살아가는 눈이

있어요. 그 눈은 나무 마을 주민이지요. 생각하는 것도 달라요. 생김새도 다르고요. 하지만 하나의 나무 줄기에다 탯줄을 연결하고 살아갑니다.

폴립하고 똑같지요?

가지에 있는 수많은 눈은 잎을 만들어서 일을 해요.

그러나 하루 종일 일을 하지 못하는 잎이 있어요. 그래도 그 잎은 굶어 죽지 않아요. 다른 잎이 일을 해서 만든 영양분을 골고루 나누어 주거든요.

그것까지 폴립이랑 똑같지요?

작은 눈들은 나무 마을 전체 이익을 위해서 살아갑니다.

폴립 개인들도 폴립 마을 전체를 위해서 살고 있거든요.

폴립들은 자신들이 살아갈 산호를 공동으로 만들고, 나무의 눈은 자신들이 살아갈 줄기를 공동으로 만들어서 뿌리를 튼튼하게 합니다.

번식하는 방법도 똑같아요.

나무는 눈에서 새끼나 마찬가지인 새순이 나와요. 그 새순은 잎이나 가지를 만들면서 성장합니다.

어른 줄기가 되어도 히드라처럼 탯줄을 잘라 내지

폴립과 식물은 닮은 점이 아주 많답니다.

는 않아요. 아무리 많은 새순이 돋아나도 따로 떨어져 나가지 않지요.

그들은 탯줄과 비슷한 관으로 연결되어서 영양분을 주고받으며 행복하게 살아갑니다.

식물들도 일을 한다면 이해가 되겠어요?
물론 사람처럼 괭이를 들고 일하지는 않아요. 하지만 자기들 방식으로 일을 하지요.
생명체를 만들어 낸 신은
"일하지 않는 것들은 살 수 없다. 명심하거라. 일을 해야만 산다!"
그렇게 강조하셨거든요.
그러니까 일할 수 있다는 것은 살아 있다는 뜻입니다.

일하는 식물의 모습을 눈으로 볼 수는 없지요. 일하는 방식이 사람하고 다르거든요.

식물은 햇볕을 받아서 영양분을 만들거나 땅 속에서 영양분을 빨아들입니다. 잎에서 만든 영양분을 뿌리로 옮기기도 하고, 새로운 눈을 만들기도 해요. 식물은 그런 일을 한답니다.

식물은 아주 부지런한 일꾼입니다. 밤낮없이 일을 하거든요.

만약 일을 하지 않으면 식물은 죽고야 말지요.

식물들은 그 해에 자란 작은 가지들이 일을 도맡아서 해요.

"맞아요. 우리 작은 가지들이 전체 가족을 먹여 살리지요. 우리는 한 해만 지나면 늙어 버리거든요. 그 대신 내년에는 우리도 편안하게 쉴 수 있어요. 그러니까 불만이 없지요. 사람들도 나이 들면 쉬잖아요? 우리도 마찬가지랍니다. 다만 사람들보다 빨리 어른이 되고 빨리 늙는 것뿐이지요."

사람들은 가끔씩 나뭇가지의 한가로운 모습을 보고

"너희들은 왜 일도 안 하고 한가롭게 놀고 있니?"

하거든요. 그것은 잘못된 생각이랍니다.

거듭 말하지만, 잎은 뿌리에서 올라온 물과 들이마신 햇볕으로 맛있는 영양분을 만들어 내요.

그러면 가지와 줄기들이 땅 속 뿌리까지 골고루 배달을 해요. 그러니 아주 바쁘게 일을 해야 하지요. 다만 사람 눈에 보이지 않을 뿐입니다.

생명을 만들어 내는 나무의 눈

나무에는 눈이 있습니다.

눈이 없는 나무들은 살 수 없어요. 사람처럼 눈이 없으면 볼 수 없기 때문에 살지 못하는 게 아니고요, 식물은 눈이 없으면 새끼를 낳을 수가 없거든요.

식물 눈은 사람 눈하고는 달라요.

사람 눈은 무엇인가를 보는 일을 해요. 하지만 식물은 눈으로 번식을 하거든요.

그러니까 사람 눈하고는 많은 차이가 있어요.

식물은 눈이 없으면 새싹을 틔울 수가 없답니다. 번식을 못 하는 식물이 살지 못하는 건 당연하지요.

겨울이 되어서 잎이 져버린다면 어떻게 새순을 내밀겠어요?

겨울에 잎이 지지 않는 소나무도 마찬가지랍니다. 언젠가는 잎이 떨어지니까요. 결국 눈이 없어서 새로운 잎을 만들지 못하면 아주 천천히 죽어 가게 되지요.

그래서 나무 마을의 줄기와 가지, 그리고 뿌리는 눈을 위해서 살아갑니다.

눈이야말로 식물들에게는 희망이거든요.

"너는 아버지 희망이니까 열심히 공부해라. 아버지가 뒷받침을 해 줄 테니까."

그렇게 말씀하시는 부모님과 똑같지요.

사람들은 너무 인구가 많기 때문에

"둘만 낳아서 잘 키우지, 많이 낳을 필요 있어?"

하고 가족계획을 하지만

"우리들은 사람하고 달라요. 만약 가족계획을 했다가는 모두 죽고 말아요. 부지런히 일해서 식구를 늘려야만 더욱 큰 나무로 성장할 수 있어요. 식구들이 많을수록 유리하니까요.

조금이라도 일을 게을리 하면 다른 나무가 덮어 버리지요. 우리는 햇빛을 보지 못하면 죽어요. 그러니까 우리가 가족계획을 하지 않는다고 이상하게 생각하지 마세요."

하면서 식물들은 어쩔 수 없이 서로 다투면서 많은 눈을 만들어 가요.

식물이 눈을 만드는 일은요, 동물이 새끼를 낳는 것과 똑같거든요.

열심히 일한 식물은 보다 많은 눈을 만들어 내요.

그늘진 곳에 있는 식물은 일을 많이 하지 못하지요. 그러니까 당연히 눈을 제대로 만들어 내지 못해요. 그늘에 있는 식물은 전혀 눈을 만들지 못하고 시들어 죽기도 합니다.

여러분들도 그렇게 말라 죽은 가지를 많이 보았지요?

그 가지들은 대부분 일을 하지 못해 죽은 거예요.

그늘 때문에 일을 못 했고, 그래서 눈을 만들지 못했거든요.

같은 가지에 있는 눈은 모두가 형제이지요. 그 눈들은 영양분을 골고루 나눠 먹으며 살 권리가 있어요.

사람들은 형이나 누나가 많이 먹으면
"인석아, 너는 형이잖아. 그러니까 동생한테 양보를 해야지."
그러면서 형이 먹고 있는 음식을 동생에게 빼앗아 주기도 합니다.

안타깝게도 식물은 그럴 수가 없어요. 사람처럼 움직일 수도 없는걸요.

어쩔 수 없이 강한 눈은 살아 남고 약한 눈은 죽게 된답니다.

그늘진 곳에 있는 눈은 싹을 틔우지도 못하고 죽는 경우가 허다하니까요.

두 번째 이야기

배내옷을 입은 식물의 아기들

 비바람을 이겨 내는 배내옷

"아저씨, 식물은 어린눈을 어디에다 만드나요?"
여러분, 어디에다 만들 것 같아요?

어린눈은 아기나 다름없으니까 아주 조심해야 하거든요. 여러분의 몸을 잘 보세요. 어디가 가장 안전할까요?

바로 나뭇잎이 돋아나는 잎 겨드랑이랍니다. 그곳이 가장 안전하거든요. 잎이 비바람을 막아 주기 때문이지요. 여름에 만들어진 눈도 그곳에서 겨울을 대비한답니다. 추위가 닥쳐 와서 잎이 떨어져도 어린눈은 그곳에 달라붙어 있답니다.

식물 눈은 태반 속에 있는 아이나 다름없어요. 그러니까 날씨가 춥거나 지나치게 비를 맞으면 죽게 돼요.

어린눈에게는 겨울이 아주 힘든 계절입니다. 그렇다고 사람들처럼 따뜻한 실내에서 살 수도 없잖아요?

정말 걱정되지요? 하지만 걱정 마세요.

식물들의 말을 한번 들어 볼까요.

"우리는 아주 튼튼하고 따뜻한 겨울옷을 만들어 입힌답니다. 우리도 모성애가 강해요. 오히려 사람들보다 더 강하지요. 우리들이 만든 배내옷을 보면 당신들도 놀랄 것입니다.

아기 살이 닿는 안쪽은 털이 많은 옷을 입히고, 눈비를 만나는 바깥쪽은 튼튼한 비늘 조각으로 만들어진 옷을 입히거든요. 털은 아기를 따뜻하게 해 주고, 비늘옷은 비나 눈으로부터 보호해 주니까요.

어때요? 사람들 옷보다 훨씬 과학적이지요? 만약 비늘옷이 눈이나 비를 막아 내지 못한다면 아기들은 다 얼어 죽고야 말 겁니다. 하지만 식물인 우리 아기들은 거의 얼어 죽지 않아요. 이제 아셨지요?"

식물들은 정말 놀랄 만큼 완벽한 배내옷을 만들어서 입히거든요. 아무리 인간이 기술을 발달시켜도 만들 수 없는 옷입니다.

그런데 식물들은 옷을 만드는 비늘을 어디에서 가

져 왔을까요?

식물에게 물어 볼까요?

개나리에게 물어 보지요.

"나리야 나리야! 비늘옷을 만드는 재료인 비늘은 어디에서 가져 왔니?"

어, 분명히 대답할 줄 알았는데 개나리가 대답을 하지 않네요. 지금은 말하고 싶지 않나 보군요.

원래 식물은 수다쟁이가 분명하거든요.

그럼, 어떻게 할까요? 식물이 말을 할 때까지 기다릴 수도 없고요. 나한테 좋은 방법이 있는데…….

자, 귀를 가까이 대 봐요. 식물이 들으니까요. 간단해요. 우리가 관찰하고 비교해 보면 식물이 말하는 소리를 들을 수가 있어요.

우선 눈이 나 있는 개나리 가지를 꺾어 오세요.

그리고 바늘로 개나리의 눈을 덮고 있는 비늘옷을 한 장 한 장 벗겨 봐요.

바깥쪽 옷은 비가 새지 않는 비늘이고, 안쪽은 솜털 옷이지요?

가운데에는 웅크리고 있는 어린눈이 보이고요.

그렇게 벗겨 낸 잎을 가지런히 놓아 보면요

'아하, 잎이 차근차근 비늘옷으로 변해 가는구나.' 하고 생각하게 되지요. 맨 안쪽은 완전한 잎이었으나 바깥쪽으로 갈수록 잎 모양이 변해 가거든요.

그러니까 어린눈을 보호하려고 만들어진 비늘옷 재료는 식물 잎이었다는 사실을 알 수 있어요. 잎이 변해서 비늘옷이 된 겁니다.

털옷 재료도 잎이라고 할 수 있고요.

자, 어때요? 식물이 말을 하지 않아도 우리는 그들의 비밀을 알아 냈지요? 이렇게 식물이 말을 하지 않을 때는 직접 실험을 해 보아야 해요.

그런데 식물도 유행에 따라서 옷을 입는답니다.

"에이, 아저씨도. 어떻게 식물이 유행 따라 옷을 입어요?"

허허허, 사실이라니까요. 일단 믿어 보세요.

식물들은 자기들 성격에 따라 옷을 입는답니다. 어떤 식물은 비늘옷만 입고 어떤 식물은 비늘옷과 털옷을 반반씩 입고요. 어떤 계절에는 털옷만 입기도 해요.

유행이란 기온이나 강수량에 따라서 달라져요.

사람도 그렇답니다.

식물도 유행 따라 옷을 입는답니다.

짧은 미니 스커트를 겨울에 입는 경우는 드물어요.

봄이 되면 유행에 따라 미니 스커트를 입습니다. 식물도 그래요.

따뜻한 곳에 사는 식물들은 얇은 비늘옷을 좋아해요. 반대로 추운 곳에 사는 식물들은 두꺼운 비늘옷을 입거든요.

하얀목련의 눈

보드라운 털로 뒤덮인 윗부분은 꽃눈이고, 그 아래의 작은 눈은 잎을 틔우는 겨울눈입니다.

 작은 가방에다 많은 옷을 넣어 보세요

여러분, 지금까지 나는 억지로 어린눈이 입고 있는 옷을 벗겨 보았어요.

어린눈은 겹겹으로 많은 옷을 껴입고 있었지요? 그래야만 추운 겨울을 이겨 낼 수 있으니까요.

이번에는 벗긴 옷을 반대로 어린눈에게 입혀 볼까요? 어때요, 아주 힘들지요?

어린눈을 제일 먼저 말아서 넣고, 그 다음에 털이 달린 옷을 입히고, 다음에는 또 다른 옷 두 벌을 포개 입히고…….

억지로 입혔어도 맨 처음보다 덩치가 아주 커졌겠지요?

그러니까 사람 손으로는 그렇게 감쪽같이 옷을 입힐 수가 없어요.

그렇다면 식물은 그 작은 눈에다 어떻게 그 많은 옷을 입혔을까요?

우리는 여행할 때 가방을 사용하지요.

큰 가방은 여러 가지로 불편합니다. 적당히 큰 가방을 골라서 최대한으로 많은 짐을 밀어 넣어야 해요.

"과연 이것이 다 들어갈 수 있을까?"

"이게 아닌데, 처음부터 다시 챙겨 보자. 여기에는 수건, 여기에는 양말, 여기에는 치약 칫솔……."

"아냐 아냐, 여기에는 바지를 넣는 게 좋겠어. 여기에는 슬리퍼를 넣고……."

"에이, 그래도 남았으니……. 다시 처음부터 넣어야겠다."

그렇게 밤새도록 되풀이하다 보면 어느 새 모든 짐들이 가방 속으로 들어가 있습니다.

어린눈이 옷을 입는 것도 가방에다 짐을 넣는 것과 같아요. 어린눈을 감싸고 있는 공간은 작습니다. 클수록 부담스럽지요. 더 많은 옷이 필요하니까요.

그래서 식물들도

"옷은 많이 입히지만, 최대한으로 크기를 줄여야 해."

하면서 어린눈에다 짐을 쌓듯이 옷을 입혀요.

엉성하게 입혔다간 한 벌만 입혀도 덩치가 보기 싫게 커집니다. 식물들은 몇백 년 동안 옷 입히는 과정을 되풀이하면서

"이젠 됐어. 이 정도면 보기에도 딱 좋아."

하고 자기들 특성에 맞게 옷 입히는 방법을 알아 냈답니다.

그러다 보니 사람들처럼 갈팡질팡하지도 않아요.

실제로 어린눈에 입혀진 옷을 상상하기란 힘들어요.

수박씨보다 작은 눈에는 수십 벌에서부터 수백 벌의 옷이 들어 있으니까요. 만약 사람들에게 수박씨만한 가방을 주고는

"이 속에다 옷 열 벌만 넣어 보십시오."
하고 식물 눈에서 벗긴 옷을 준다면 모두 고개를 흔들고야 말겠지요.

어린눈을 감싸고 있는 옷 사이에는 조그마한 틈도 없어요. 바람도 비집고 들어갈 수 없답니다.
당연하지요. 조금이라도 공간이 있다면 다른 옷이 비집고 들어올 테니까요.
앞에서도 식물 옷은 잎이라고 했어요. 잎은 옷으로 변하면서 차곡차곡 눈을 중심으로 쟁여지는 것입니다.
그러다 보니 어떤 잎은 웅크리고, 어떤 잎은 소용돌이 모양으로 말리고, 어떤 잎은 세로나 가로로 휘기도 해요. 둥글게 되기도 하고, 주름이 잡힌 잎도 있고, 부채 모양으로 접힌 잎도 있어요.
여러분, 봄에 막 움이 트는 어린눈 옷을 벗겨 보세요. 그러면 나중에 여행 가방을 챙길 때 많은 도움이 될 겁니다.

풀은 누더기 옷만 입어요

"아저씨, 식물 눈도 더위를 싫어하나요?"

물론입니다. 햇볕을 좋아하지만 너무 더우면 힘들거든요. 그래서 눈은 햇볕에 상하지 않도록 옷으로 몸을 꼭 감싸고 있답니다. 여름에도 옷을 입고 있는 셈이지요.

물론 한해살이 식물 옷은 그렇게 좋지 못해요.

감자, 당근, 호박 같은 한해살이 식물은 짧은 시간 안에 빨리 눈을 키워야 하거든요.

사실 한해살이 식물은 여러해살이 식물보다 부지런하지요. 한해살이 식물 눈은 며칠, 혹은 몇 달 만에 자라서 씩씩하게 일을 합니다.

감자를 심어 보세요. 며칠 만에 눈이 움터서 가지를 만들거든요.

어린눈이 만든 줄기는 열심히 일을 해야만 겨울이 오기 전에 새로운 눈을 만들 수가 있기 때문이랍니다. 그래서 한해살이 식물은

"우리 성격이 왜 급한지 알겠지요? 비록 우리가 나무들보다 작지만, 한 해 동안 자라는 속도는 우리가

산수유의 눈

솜털이 보송보송한 여러 겹의 옷을 입고 있습니다.

벚나무의 눈

반질반질한 비늘옷을 겹겹이 입고 있습니다.

더 빨라요. 나무들은 여러 해 동안 자라서 커졌지만 우리는 한 해만 자라고 시들거든요.

　당연히 우리들은 겨울을 나지 않아요. 그러다 보니 좋은 옷을 입을 틈이 없어요. 일하기에도 바쁜데 좋은 옷이 무슨 소용있나요? 비늘옷은 사치품인걸요.

　우리 같은 한해살이 풀에게는 비늘옷이 필요 없어요. 그렇게 좋은 옷을 만들어서 입을 시간이 있으면 눈을 하나라도 더 만들지요. 태어나자마자 일을 해야 하는데 좋은 비늘옷이 필요 있겠어요? 사람들도 일할 때는 좋은 옷을 입지 않잖아요?"
하고 말합니다. 사실 한해살이 식물은 여러해살이 식물보다 가난하거든요.

가난한 한해살이 눈은 늘 일을 해야 합니다.

"그래서 옷이 누더기로군요. 반대로 여러해살이 식물은 부자이기 때문에 눈에게 일도 시키지 않고 항상 좋은 옷만 입고 있군요."

그래요. 한해살이 식물은 한 해만 자라고 죽기 때문에 큰 나무처럼 부자가 될 수 없어요.

사람하고 비교해 봐요.

만약 한 해만 살고 죽는다면 아무리 돈을 많이 번다고 해도 아주 넉넉하지는 않겠지요.

십 년 이십 년 동안 살면서 버는 사람보다 가난할 수밖에 없어요. 식물도 그래요.

한해살이 식물은

"우리는 비늘옷을 입고 있지 않아요. 그래서 우리 눈을 벌거숭이 눈이라고 해요. 벌거벗었다는 뜻이죠." 하고 말하면서도 여러해살이 식물 눈을 부러워하지는 않아요.

한해살이 식물에겐 굳이 비늘옷이 필요 없거든요. 사나운 비바람 정도만 이겨 내면 돼요. 추위를 걱정할 필요는 없으니까요.

부잣집 자식이나 다름없는 여러해살이 식물 눈은 이런 말을 합니다.

"우리는 한해살이 식물들하고는 격이 달라요. 그들은 상것들이에요. 우리는 세상을 아주 여유있고 풍요롭게 살아간답니다. 한해살이 식물처럼 미친 듯이 일하면서 꾸미지도 않고 살지는 않아요.

우리는 일 년에 가지 하나만 만들어요. 굳이 서두를 필요가 없거든요. 그리고 자식들에게 아주 좋은 비늘옷을 입혀 줘요.

그런 의미에서 우리들은 존경받아야 해요. 여러해살이 식물 중에서도 자식을 엉망으로 키우는 식물들이 있지만요. 어린눈에게 옷 한 장 입히지 않고 겨울을 나게 하는 식물이 있거든요."

 정말로 옷 한 벌 입히지 않고 겨울을 나게 하는 식물이 있냐고요? 예, 사실입니다. 하지만 그 식물을 탓할 수는 없어요.

 다 나름대로 생각이 있기 때문이지요. 그들은 눈바람 속에다 벌거벗은 어린눈을 그대로 두어서 보다 강해지게 만들거든요.

 몸을 강하게 단련시키려고 어린 아이를 얼음구덩이 속에다 넣는 민족도 있답니다.

 그렇게 옷을 입지 않고 겨울을 나는 식물은 다른 식물보다 훨씬 강하지요.

세 번째 이야기

감자는 뿌리가 아니래요

 구슬처럼 예쁜 나리의 눈

여러분, 엄마 히드라는 새끼가 어느 정도 자라면 탯줄을 잘라 버리지요?

엄마와 새끼 히드라는 각각 따로 살잖아요?

식물 눈도 어느 정도 자라면 엄마 곁을 떠나갑니다. 그래서 히드라와 비슷해요.

엄마 가지를 떠나서 땅으로 떨어지거든요.

다 자란 봉숭아 씨앗은

"엄마, 이제 나는 떠나겠어요. 추워지기 전에 어서 흙 속으로 들어가야 하니까요. 엄마도 이제는 많이 늙으셨고요."

그러면서 햇볕이 맑은 날, 씨앗 주머니를 터뜨려 사방으로 흩어집니다.

물론 폴립처럼 살아가는 식물 눈도 있어요.

엄마 가지에 붙어서 그대로 뿌리를 내리고 살아가는 경우입니다.

엄마 가지에 붙어서 자라는 눈은 아무래도 살아 남을 확률이 높지요. 엄마 가지가 보호를 해 주니까요. 하지만 엄마 곁을 떠난 눈은 혼자서 살아야 합니다.

봉숭아 씨앗을 볼까요?

땅 위로 떨어지면 새 먹이가 될 수 있습니다.

빗물에 씻겨서 강이나 바다로 떠내려갈 수도 있습니다.

아이들이 던지는 돌멩이에 맞아 죽을 수도 있고요.

흙더미에 아주 깊숙이 깔릴 수도 있어요.

그래서 낙엽이나 얕은 흙 속으로 들어가기 전에는 늘 불안하답니다.

우리 주변에 많이 피어 있는 나리꽃을 볼까요?

나리꽃은 무척 아름답지요.

자세히 보면 잎 겨드랑이 사이에 뭔가 있어요. 아주 귀여운 구슬이네요. 뭘까요?

허허허, 맞아요. 그게 나리 어린눈이랍니다.

참나리의 구슬눈
옷을 입지는 않았지만,
아주 두꺼운 살로 덮여
있습니다.

구슬 모양으로 생겼으니까 '구슬눈'이나 '알눈'이라고 불러요.

구슬눈은 비늘옷을 입지 않았지만 아주 두꺼운 살로 덮여 있어요.

사람 발바닥만큼이나 두꺼운 살이랍니다. 그 두꺼운 살이 눈을 보호해 주지요. 그래서 어린눈은 추위도 굶주림도 무서워하지 않아요. 조그만 놈이 통통하게 살쪄 있거든요.

왜 나리꽃은 어린눈을 구슬 모양으로 살찌게 했을까요?

그것은요, 어린눈이 언젠가는 엄마를 떠나야 하기 때문이랍니다. 여름이 끝날 무렵이면 이 구슬눈은 엄마와 헤어진답니다.

그 다음부터는 혼자서 살아가야 해요. 그러려면 식량이 충분해야지요.

엄마 줄기는 어린눈이 굶어 죽지 말라고 최대한 많은 식량을 저장해 주는 겁니다.

엄마 곁을 떠나는 어린눈은 마음을 굳게 먹지요.

"왜냐고요? 우리들은 동물이 아니잖아요? 그래서 히드라보다 더 불리한 조건에서 살아요. 만약 큰불이

나면 어서 피해야 하는데, 우린 움직일 수가 없거든요. 운 좋게 동물들이 발로 흙을 파서 덮어 주면 모를까 영락없이 불에 타서 죽게 되지요."

그러니까 엄마 곁을 떠나는 눈들은 살아 남을 확률이 아주 낮답니다.

 애틋한 마늘의 자식 사랑을 아나요?

이번에는 마늘을 한번 볼까요?

마늘을 까 보면 마늘 조각이 여러 개 나옵니다.

마늘 조각 윗부분을 자세히 보면 파릇한 눈이 보여요.

마늘 한 통은 여러 조각으로 되어 있어요. 그 사이사이에는 하얀 껍질이 칸막이처럼 막고 있답니다.

그 하얀 껍질은 어떻게 만들어졌을까요?

마늘 눈에게 물어 보지요.

"당신들은 어떻게 하얀 껍질을 만드나요?"

"우리 마늘이 입고 있는 껍질이나 칸막이 껍질은 모두 잎으로 만들어요. 믿어지지 않지요? 하지만 사실이랍니다. 땅 속에 있으니까 녹색이 없어진 것이지요. 어린눈을 보호하기 위해서 잎 모양이 그렇게 변한 셈이지요."

맞아요. 믿어지지 않겠지만 믿어야 합니다.

동물도 이런 경우가 있어요.

고래 지느러미는 발이 변해서 되었거든요. 엄밀히 말하면 고래 지느러미는 발이에요. 쓰지 않으니까 지느러미로 변한 거지요.

마늘 껍질도 마찬가지라고 생각해야 돼요. 잎이 그

렇게 변한 것이라고요.

마늘
껍질에 싸인 마늘은 각각의 어린눈을 갖고 있습니다.

마늘 눈도 히드라 새끼처럼 혼자서 살아간답니다.
하지만 히드라와는 약간 다르게 살아갑니다.
엄마 히드라는 새끼를 떼어 보낸 후에도 죽지 않거든요.
그럼 엄마 마늘은 어떻게 될까요? 땅 속에다 어린눈이 살 수 있게 보금자리를 만들어 주고는 말라 죽어요. 그래서 마늘 어린눈은 나리 어린눈보다 안전하게 살아갑니다.
많은 비가 내려도 떠내려갈 염려가 없어요.
큰불이 나도 걱정 없고요. 다른 동물들 눈에도 띄지 않아요.
추위도 걱정 없어요. 흙이라는 이불이 있거든요.
게다가 마늘은 얇지만 옷을 몇 벌이나 껴입고 있으니까요.
또 혼자서는 외로우니까 어린눈들을 한집에서 살게 해 주었어요. 그래서 마늘 한 통에는 여러 개의 눈 조각이 있습니다. 그 눈 조각은 모두 한 엄마 밑에서 자란 형제들이지요.

마늘은 형제들끼리 뭉쳐야 산다는 것을 아는 현명한 식물이에요.

엄마 마늘은 형제들끼리 먹을 것 때문에 서로 싸우지 않도록 식량을 각각 조각으로 나누어 놓았답니다.

"자, 식량은 모두 나누어 놓았다. 그러니까 서로 돕고 살아라."

그래 놓고도 엄마 줄기는 마음이 놓이지 않았어요.

왜냐면 땅 속에는 어린눈들을 괴롭히는 곤충들이 아주 많거든요. 그래서 엄마 줄기는 아주 아릿한 냄새가 풍기는 독을 어린눈 조각 속에다 넣어 주었습니다. 그 아릿한 냄새 때문에 많은 곤충들은 마늘 근처에도 가지 않아요.

심지어 사람들도 생마늘은 잘 먹지 못해요.

여러분들은 이제 마늘 조각이 뚱뚱한 이유를 알았을 겁니다.

뚱뚱한 마늘 조각이 어린눈 식량 주머니라는 사실도요.

앞에서도 말했지만 엄마 마늘은 대단히 현명하답니다.

어린눈이 있는 조각들을 아주 공평하게 키우거든요.

뿌리와 줄기로 일을 해서 만든 영양분은 대부분 어린눈이 있는 마늘 조각으로 내려갑니다. 그러다 보니 엄마 줄기는 좀 약한 편이지요.

엄마 줄기는 자신을 위해서 양분을 쓰지 않아요. 오직 자식들만을 위해서 살아가요. 먹고 싶어도 참는 것이지요.

어린눈들 앞날을 위해서 엄마 줄기는 우아하게 사는 것을 단념했어요.

오로지 밤낮으로 힘든 일만 합니다. 예쁘게 꽃을 피우는 일도 포기하고 살아갑니다.

엄마 줄기의 헌신적인 노력으로 어린눈들은 건강하게 살아 남지요.

조각조각 어린 형제들이 모인 마늘통은 뿌리가 아니라 줄기랍니다. 조각 줄기이지요.

어떻게 마늘이 줄기냐고요?

허허허, 그래요. 그런 궁금증은 당연히 가져야 하지요.

우리는 '가지'라고 하면 땅 위로 뻗는다는 생각만 합니다. 그러니 궁금증을 가질 만하지요. 게다가 마늘은 생김새도 이상하니까요.

하지만 어린눈이 있는 마늘 조각은 뿌리가 아니라 줄기랍니다.

뿌리는 마늘 조각 밑에 붙어 있어요.

아주 가느다란 실뿌리지요.

 양파는 왜 뚱뚱해요?

양파도 마늘하고 비슷합니다.

양파를 세로로 쪼개 보면 겹겹이 붙은 비늘잎이 보입니다. 그 한가운데에 어린눈이 있지요.

양파도 어린눈을 보호하려고 잎으로 비늘옷을 만들어서 입혔어요. 그리고 많은 식량을 저장해 두었지요.

동그란 양파에는 어린눈을 보호하는 옷과 식량이 쌓여 있어요. 양파가 클수록 식량 창고가 크니까 어린눈이 건강하답니다.

양파 역시 뿌리가 아닙니다.

모양이 둥글기 때문에 둥근 줄기라고 불러요.

마늘하고는 약간 다른 점이 있지요.

"우리는 자식을 하나만 낳아서 잘 기른답니다. 마늘처럼 어린눈을 여러 개 만들지 않아요. 그래서 양파

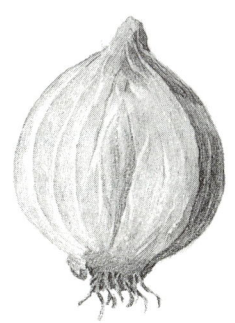

양파의 세로 모습

풍부한 식량에 둘러싸인 양파의 맨 가운데에는 어린눈이 숨어 있습니다.

양파의 어린눈은 딱 한 개랍니다.

어린눈은 아주 튼튼하지요."

그렇습니다. 커다란 양파라고 해도 눈은 하나밖에 없어요.

마늘통은 양파보다 훨씬 작지만 어린눈이 훨씬 많습니다.

그럼 양파가 왜 뚱뚱한지 자세히 알아볼까요?

양파를 따뜻한 곳에다 놓아 두면 초록색 싹을 틔운답니다.

흙이 닿지 않아도 양파 어린눈은 죽지 않아요.

어미가 저축해 준 식량을 먹으면서 자라기 때문입니다.

하지만 둥그런 양파가 점점 쭈글쭈글해지는 모습을 보게 될 겁니다. 식량 창고가 점점 줄어들기 때문이지요.

그런 양파를 땅에다 묻지 않으면 어린눈이 굶어 죽습니다. 저장해 둔 식량은 한계가 있거든요.

그 양파를 물 컵에다 올려놓으면 죽지 않고 살아납니다. 그렇게 싹을 틔울 수 있는 이유는 무엇일까요? 물일까요, 따뜻한 공기일까요?

물과 공기도 필요하지만 저축된 양분이 있기 때문이랍니다.

양파는 커다란 덩치에 비해서 눈은 작지요. 그 나머지는 모두 식량이랍니다.

그래서 동그란 양파 덩어리는 모두 식량 창고나 다름없어요.

만약 식량 창고가 없다면 물 컵에다 올려놓아도 싹을 틔우고 자랄 수는 없지요.

이제 양파가 왜 뚱뚱한지 알았지요?

 감자와 고구마는 뿌리일까요?

앞에서 나는
"마늘은 뿌리가 아니라 줄기입니다."
하고 말해서 여러분들을 어리둥절하게 했어요.

이제 그 궁금증을 풀어 주어야겠군요.

양파나 마늘 같은 땅속줄기는 식량을 충분히 모으면 스스로 어려움 없이 살아갑니다.

엄마 줄기는 어린눈에게 충분한 식량을 마련해 주

고는 말라 죽거든요.

양파나 마늘은 보통 여름에 수확을 해요. 그러니까 추위 때문에 죽는 것이 아닙니다. 목숨이 다해서 죽는 거예요.

양파나 마늘은

"어린눈은 땅 속에다 두는 게 제일 안전해. 나리처럼 구슬 모양으로 만들어서 떨어뜨리면 불안해서 눈을 감을 수가 없지."

하고 말합니다. 그들은 줄기에다 식량 창고를 만든 다음 어린눈을 그 속에서 자라게 하였어요.

여러분들이 좋아하는 감자도 어린눈을 땅 속에서 키웁니다.

그럼 감자는 줄기일까요, 뿌리일까요?

아저씨도 혼동이 되는군요.

고구마는 줄기일까요, 뿌리일까요?

둘 다 아주 뚱뚱하고 못생겼어요. 둘 다 맛은 아주 좋아요.

그 맛좋은 고구마와 감자를 놓고

"뿌리일까 줄기일까?"

여러분들은 고민할 테지요.

감자
눈에서 싹을 틔우는 감자는 땅속줄기 식물입니다.

내가 감자를 땅속줄기라고 하면 여러분들은 믿지 않을 겁니다.

그럼 일단 믿지 말고 아저씨 이야기를 들어 보세요.
땅 속에 묻힌 부분은 뿌리이고, 땅 위에 있는 부분은 줄기다 하는 생각은 틀렸어요.
그러니까 그런 생각은 버려야 해요. 땅 위에서 뻗는 뿌리도 있으니까요.
뿌리에는 잎이 없어요. 눈도 없어요. 뿌리는 햇볕도 아주 싫어해요.
그럼 줄기는 어떨까요? 줄기에는 눈이 있어요. 햇볕도 보고 싶어해요.
잎은 모양이 변했기 때문에 구분하기 힘들지요. 양파 껍질도 잎이니까요.
여러분, 빨리 부엌에 가서 감자를 하나 들고 오세요. 가져왔으면 자세히 보세요. 움푹 패인 눈이 있지요?
감자를 물 컵에다 올려놓으면 그 눈에서 싹이 나옵니다.
또 감자를 햇빛에다 오래 두면 초록색으로 변합니

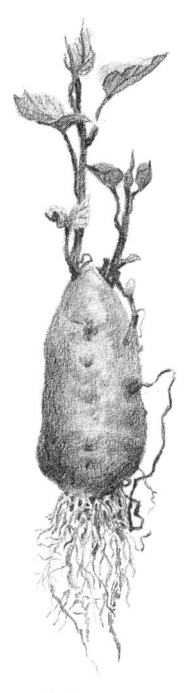

고구마
눈이 없고, 줄기가 끊어진 윗부분에서만 싹이 트는 고구마는 뿌리 식물입니다.

다. 줄기이기 때문에 그래요.
그래서 감자를 줄기라고 하지요.
만약 감자가 뿌리라면 눈이 없겠지요. 햇볕을 받으면 녹색으로 변하지도 않고요.

그렇다면 고구마는 줄기일까요 뿌리일까요?
역시 줄기라고요?
허허허, 미안하지만 틀렸습니다. 고구마는 줄기가 아니고 뿌리예요.
"아저씨, 너무 헷갈려요!"
아, 알았으니까 너무 소리치지 마세요.
고구마와 감자는 겉모양이 비슷해요. 그럼 조금만 더 자세히 보세요. 옳지, 우선 눈이 있나 보세요. 있어요? 없지요? 없다고 대답한 사람은 관찰력이 좋다고 봐야지요.
고구마는 눈이 없어요.
"아저씨, 그런데 고구마도 물 컵에다 올려놓으면 싹

이 나오잖아요?"

맞습니다. 분명히 고구마도 물 컵에다 올려놓으면 싹이 나옵니다.

그러나 감자처럼 움푹 패인 눈에서 싹이 나오지 않아요. 줄기가 달렸던 고구마 윗부분에서만 새싹이 나오거든요.

그러니까 고구마는 줄기가 아니고 뿌리랍니다. 감자와 고구마를 물 컵에다 올려놓고 관찰하면 알 수 있어요.

눈에서 싹이 나오면

"아하, 이건 줄기구나."

그렇게 생각하면 돼요. 반대로 눈이 없는데 줄기가 끊어진 부분에서 싹이 튼다면

"이건 뿌리구나."

하고 판단하면 틀리지 않아요. 이제 알았지요?

네 번째 이야기

나무도 주민등록증이 있어요

 모두 힘으로 만드는 수도관

여러분, 식물은 어디에서 영양가 있는 음식을 만들어 낸다고 했지요?

"예, 잎에서 만들어 냅니다. 뿌리에서 빨아들인 물과 햇빛을 이용해서 영양가 있는 밥을 만들어 내요."

그래요. 잊어버리지 않았군요.

그러면 한 가지 더 물어 보지요.

그렇다면 뿌리에 있는 물이 어떻게 잎까지 운반될까요?

잎에서 만들어 낸 음식을 여러 군데로 옮겨야 하거든요.

맨 꼭대기에 있는 가지며, 그늘진 곳에 있는 잎과 뿌리까지 골고루 나누어 주어야 합니다.

과연 식물은 그 일을 어떻게 할까요? 자전거나 트럭으로 배달을 할 수도 없잖아요.

잘 모르겠다고요?

그럼 아저씨가 설명을 해 줄게요. 아주 간단해요.

아주 뜨거운 사막이나 얼음으로 덮인 나라에서는 물이나 기름을 운반할 때 수도관을 이용하지요.

그러면 운반할 때 증발되지도 않거든요. 게다가 아주 빨리 운반할 수 있어요.

식물이 먹는 음식은 사람들이 먹는 밥과는 달리 액체랍니다.

액체이니까, 줄기 속에다 큰 수도관을 만들면 좋겠지요? 맞아요. 식물이 얼마나 머리가 좋은데요. 식물은 수도관으로 음식을 가져갑니다. 뿌리에서 줄기 꼭대기까지 올려보내기도 하고, 줄기에서 뿌리 끝으로 내려보내기도 해요.

식물에게는 수도관이 핏줄이나 다름없어요. 만약 수도관이 끊어지게 되면 식물은 죽고야 맙니다.

식물들은 흙 속에서 싹을 내밀자마자
"수도 공사는 아주 튼튼하게 해야 합니다. 부실공사를 하면 안 돼요."
하고는 수도 공사를 서두릅니다. 물론 공사하는 모습이 사람들에게 보이지는 않아요.

식물 눈은 싹을 틔우면서 뿌리를 내밀고 곧바로 줄기를 뻗거든요. 수도 공사는 뿌리와 줄기가 나오면서 거의 동시에 이루어지거든요.

그런 모든 일을 계획하고 지시하는 것은 바로 눈입

니다.

맨 처음에는 눈이 하나밖에 없어요. 차츰차츰 가지가 뻗어 나가면 눈이 많아져요. 가지마다 눈이 달려 있거든요.

가지가 많은 나무들은 수백 수천 개 눈을 가지고 있답니다.

그 많은 눈들은 자기 식구와 다른 가지의 식구들까지 먹여 살리기 위해서

"우리 모두 힘을 합쳐서 상수도관을 만듭시다. 어차피 우리는 같은 운명 아닙니까?"
하고 열심히 일을 하여 수도관을 연결합니다.

식물들이 수도관 건설 공사를 할 때면 식물 줄기 속은 아주 활발하게 움직이지요. 아파트 건설 현장보다 더 요란해요. 다만 그 소리가 사람들 귀에 들리지 않을 뿐이지요.

모두가 달려들어서 일을 한답니다. 힘이 강한 가지든 힘이 약한 가지든 따지지 않아요.

그런데 사람들은 동네 공동 일을 정말 부끄러울 정도로 엉터리로 합니다.

식물들은 아주 튼튼한 수도관을 만든답니다.

"뻔하지요 뭐. 연장도 제일 나쁜 것만 들고 나오고 괜히 시간만 때우려고 해요. 식물하고 너무 달라요. 식물들은 가장 좋은 재료를 가지고 나와서 수도관을 만들어 가잖아요? 식물들이 사람들보다 나아요."

여러분들도 그렇지요? 학교에서 청소를 하면 선생님 눈치나 살피며 어떻게 하면 쓰레기를 줍지 않을까 하고 궁리만 하지요?

식물들은 절대로 그러지 않는답니다. 조금이라도 엉터리로 일을 하면 큰일나니까요.

뿌리에서 높은 가지까지 물을 운반하려면 물이 조금이라도 새지 않아야 해요. 그러니 식물들은 절대로 엉터리 공사를 할 수 없지요.

자기 가족들이 있는 가지만 살고 다른 가지들은 다 죽는다면 어떻게 될까요?

결국은 자기들도 죽게 됩니다. 사람들과는 달리 나무들은 서로 돕지 않으면 살 수가 없어요. 뿌리가 죽으면 모두가 죽는걸요.

이제 식물 수도관이 얼마나 중요한지 알겠지요?

터진 수도관을 빨리 고치는 나무

여러분들은 버들피리를 아주 좋아하지요?

이 아저씨도 그랬답니다. 버들피리를 싫어하는 아이들은 없어요.

봄에 버드나무 껍질은 유독 잘 벗겨집니다.

봄이 되면 많은 물과 음식이 수도관으로 옮겨지기 때문이랍니다.

수도관은 나무 껍질과 나무 살 사이에 있거든요.

봄에 나무 줄기의 껍질을 조금만 도려내서 보세요.

그리고 상처난 부분이 마르지 않도록 유리판을 씌워 놓으면

"와아, 여기서 끈끈한 액체가 나온다. 애들아, 빨리 와 봐."

여러분들 중에 누군가 그렇게 소리칠 겁니다.

그러나 얼마 지나지 않아서 실망할지도 모릅니다. 어느 새 상처 부위에서 흐르는 액체가 멎고야 말거든요. 흐르던 액이 시멘트처럼 굳어지면서 흐르는 액체를 막아 버리지요.

왜 그럴까요? 한번 식물에게 물어 볼까요?

"우리들은 수도관이 터지면 죽어요. 방금 여러분들이 짓궂게 수도관을 터뜨렸기 때문에 각 가지에 있는 눈들이 비상 회의를 했어요. 그러고는 응급 복구반을 내려보냈지요.

우리들은 뿌리로 내려보내던 액체로 시멘트를 만들어서 터진 수도관을 고쳤습니다. 그러니 제발 다시는 나무의 껍질을 벗기지 마세요."

아하, 그랬군요. 상처 부분에서 액체가 흘렀던 것은 수도관이 터졌기 때문이군요.

 상처난 윗부분에 왜 혹이 생길까?

잎에서 만든 액체 음식은 정말로 아래로 내려갈까요?

이것 역시 간단한 실험으로 알 수 있습니다.

나무한테는 미안하지만 이번에도 껍질을 벗겨 내세요. 식물이 응급 조치를 할 수 없을 만큼 빙 돌려서 벗겨 내세요. 그러면 껍질과 나무 몸 사이에 있는 모든 수도관들이 끊어집니다.

이 수도관은 물을 운반할까요 아니면 잎에서 만든 액체 음식물을 운반할까요?

어디 볼까요? 어어, 이상하네요. 껍질 벗겨진 윗부분에서만 액체가 흐르네요.

그렇지요? 아랫부분에서는 조금도 흐르지 않지요?

그렇다면 이 수도관은 액체 음식물을 운반하는 수도관이 틀림없군요.

물은 뿌리에서 흡수하니까 위로 올라옵니다. 만약 물이 올라온다면 껍질 아랫부분에서도 물이 흘러야 하거든요. 그런데 전혀 흐르지 않잖아요. 그러니까 이 수도관으로는 물이 흐르지 않는다고 봐야지요.

껍질 가까이 있는 수도관으로는 물이 흐르지 않음을 알 수 있어요.

또 잎에서 만들어진 액체가 아래로 흐르는 것을 알 수 있고요.

"아저씨, 그런데 윗부분에 생기는 혹은 뭐예요?"

혹이 난 나무
나무에 상처가 나면 위쪽에서 액체가 흘러내리고, 그 액체가 굳어지면 혹이 됩니다.

"이상해요 아저씨, 아랫부분에는 혹이 없거든요."

허허, 당연하지요. 그 혹은 위에서 내려오던 액체가 불어나서 그렇게 된 것입니다. 아랫부분에는 껍질이 벗겨지면서 수도관이 끊겼기 때문에 잎에서 만든 액체가 없으니까 혹이 생기지 않지요.

수도관이 터지자 나무 눈들은

"큰일이다. 만약 수도관을 고치지 못하면 우리는 끝장이다. 모든 장비를 총동원해서 복구해야 해."

하고는 보통 때보다 많은 액체를 내려보냅니다.

하지만 고치기가 쉽지 않았어요. 그래서 식물은 액체를 상처 부분에 쌓아 두는 것입니다.

공사장 부근에 가면 쌓아 놓은 모래가 보이지요?

공사를 하기 위해서 쌓아 놓은 모래랍니다.

상처 부분에 있는 혹도 공사장 부근에 쌓여 있는 모래나 다름없습니다. 만약 공사가 끝나면 그 모래는 말끔히 치워집니다. 식물은 터진 상수도관을 복구하지 못하면 그대로 죽고 말지요.

 쓰임새가 다른 수도관

"아저씨, 아저씨는 분명히 껍질과 나무 살 사이에 있는 수도관으로는 물이 움직이지 않는다고 했지요? 잎에서 만들어진 액체만 움직인다고 했잖아요. 그렇다면 물이 움직이는 수도관은 어디 있나요?"

아하, 아저씨가 그 말을 하지 않은 모양이군요.

그렇지요. 물이 움직이는 수도관은 다른 곳에 있습니다.

껍질을 벗겨 낸다고 해서 물이 보내지는 수도관이 끊어지지는 않아요. 그 수도관은 바로 식물 살 속에

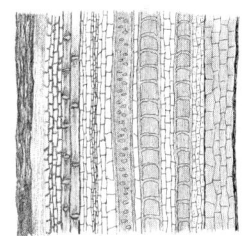

나무의 세로 모습
나무의 맨 바깥쪽에는 양분을 나르는 '체관'이 있고, 안쪽에는 물을 나르는 '물관'이 있습니다.

있거든요. 딱딱한 살 속에 박혀 있어요.

물이 흐르는 수도관은 살 속에 골고루 퍼져 있어요.

다만 살 속 가운데에 있는 수도관으로는 거의 물이 지나가지 않는답니다.

여러분, 폐광이라는 말을 아세요?

석탄을 캐지 않는 광산을 폐광이라고 해요. 폐광에 가 보면 석탄 캐던 굴은 그대로 남아 있어요. 그것이나 마찬가지랍니다. 한때는 많은 물이 보내졌지만, 이제는 보다 튼튼한 상수도관이 생겨서 물이 보내지지 않는 거랍니다.

바깥쪽에 있는 수도관이 활발하게 물을 보내지요.

활발하게 물을 보내는 수도관은 딱딱한 몸 맨 바깥쪽에 박혀 있어요.

그래서 껍질을 벗겼을 때도 망가지지 않았던 겁니다. 만약 나무 살 깊숙이 상처를 낸다면 많은 수도관이 터지겠지요.

이렇게 식물에는 두 가지 수도관이 연결되어 있어요. 잎에서 만들어진 액을 운반하는 수도관은 '체관'이라 하고, 뿌리에서 빨아들인 물을 보내는 수도관을 '물관'이라고 합니다.

식물들의 주민등록증

여러분은 무엇을 보고 자기 나이를 알 수 있나요?

"부모님이 말씀해 주시니까 알지요. 우리들은 아직 주민등록증이 없거든요."

여러분들에게는 주민등록증이 없지만 호적은 있어요. 동사무소에 가서 호적초본이나 주민등록초본을 떼어 보면 알 수 있답니다.

그럼 식물 나이는 어떻게 알 수 있을까요?

"아저씨, 식물은 주민등록증은 없지만 나이테가 있잖아요?"

허허허, 잘 알고 있군요.

나이테란 '나이를 나타내는 테'라는 뜻입니다. 식물의 주민등록증이나 다름없어요.

나이테 속에는 그 식물에 대한 모든 것이 다 기록되어 있답니다. 그러니까 식물들 이력서라고 생각해도 됩니다.

식물은 보통 봄부터 가을까지 자랍니다. 그리고 자라지 않는 겨울 동안에는 살을 단단하게 합니다. 이듬

해 봄에 새로 자라기 시작하면 새로운 살과 구별이 되지요.

지난해에 자란 부분은 아무래도 어둡고 딱딱하지요. 새로 자라는 살은 색깔이 밝고 아주 곱지요.

나무 살 속을 보면 어두운 부분과 밝은 부분으로 구분되는 띠 모양이 생기는데, 이것을 '나이테'라 부르지요. 세월이 흐르다 보면 많은 나이테가 생깁니다.

"아저씨, 그럼 모든 식물에 나이테가 있어요?"

그렇다고 봐야지요. 한해살이 식물이나 열대지방에서 일 년 내내 자라는 나무는 나이테가 없지만요. 나이테는 여러해살이 식물처럼 어느 정도 성장이 멈췄다가 다시 자라야 생기거든요.

"아저씨, 또 물어 볼 게 있어요. 우리 선생님이 그러는데요, 나이테를 보면 나무가 어떻게 자랐는지 알 수 있다고 하던데요?"

그렇지요. 나이테 보는 방법을 알면 나무가 살아 온 과거를 알 수 있어요. 나이테는 식물들 이력서나 다름없거든요. 나무가 아무런 말을 하지 않아도 알 수 있으니까요.

나무 줄기를 톱으로 잘라 보세요. 나이테 층이 넓거

나 좁은 곳이 나올 거예요. 넓은 부분은 햇볕을 많이 받은 부분이랍니다. 좁은 부분은 햇볕을 받지 못했거나 곤충들에게 시달림을 당한 곳입니다.

그것뿐이 아닙니다. 옆에 있는 나무들과 경쟁하다가 진 가지가 있는 쪽의 나이테도 좁은 편입니다.

식물끼리도 경쟁을 하거든요. 잎은 잎대로 뿌리는

뿌리대로 경쟁합니다. 그런 싸움에서 진 잎은 시들게 마련이지요. 다른 뿌리에게 영양분을 빼앗긴 나무는 나이테가 아주 좁아지게 됩니다.

가뭄이 들었던 해에 자란 나이테도 아주 좁습니다. 영양분을 충분히 섭취할 수 없으니까요.

만약 1985년에 가뭄이 들었다면, 그 해에 자란 나이테는 틀림없이 아주 좁답니다. 나무는 거짓말을 안 하거든요.

나이테 층이 아주 고르면
'이 나무는 특별한 어려움을 겪지 않고 성장했구나.'
그렇게 생각해도 됩니다.

"아저씨, 과일나무 나이테 보는 방법도 같아요?"
뭐 크게 다르지는 않아요. 약간의 차이는 있겠지요. 과일나무를 잘라 보면 많은 나이테 중에서 도드라지게 층이 넓은 곳이 있지요.

나이테 층이 넓으면, 그 해에는 과일이 적게 열렸다는 뜻입니다.

그 나이테를 세어 보면 구체적으로 언제쯤인지 알 수 있어요. 맨 바깥에 있는 나이테부터 세어 가면

"아하, 1988년에는 사과가 적게 열렸구나."
하고 알 수 있어요.

나이테가 넓으면 나뭇잎으로부터 영양분을 많이 받았다는 뜻입니다. 만약 과일이 많이 열렸다면 나이테가 커질 수가 없지요.

왜냐고요? 나이테로 올 영양분이 과일로 가야 하니까요.

"그러면 나이테 층이 좁으면 과일이 많이 열렸다는 뜻이네요?"

당연한 말입니다. 많은 영양분을 과일한테 뺏겨서 나이테가 넓어지지 못한 것입니다.

과일나무 나이테는 몇 년을 사이에 두고 규칙적으로 넓어졌다가 좁아졌다가 합니다.

과일나무가 매년 많은 과일을 맺을 수는 없어요. 한 해에 많이 열면, 보통 이 년 정도는 쉬면서 가지를 살찌게 해요. 그런 다음에 다시 많은 과일을 열게 하지요.

동물들도 마찬가지랍니다. 새끼들이 많으면 부모는 깡 말라 갈 수밖에 없어요. 먹이를 잡아도 우선 새끼들에게 먹이거든요.

나이가 많은 나이테

나이테에는 그 나무에 대한 많은 정보가 담겨 있고, 나이를 많이 먹을수록 나이테가 촘촘합니다.

나이가 적은 나이테

나이가 적은 나무일수록 나이테가 성깁니다.

새끼가 적거나 없으면 어미는 살이 찌지요. 마음껏 먹고 싶은 음식을 먹으니까요.

 노인을 공경하는 식물나라 젊은이들

여러분들은 역사를 책을 보고 배우지요?

나무 역사는 나이테를 보면 알 수 있답니다.

나이테를 보는 방법만 안다면 책 읽는 것보다 더 재미있거든요.

"음, 이 나무는 바깥으로부터 여덟 번째 나이테가 병든 걸 보니까, 지금으로부터 팔 년 전에 큰 병에 걸렸었군. 또 지금으로부터 십 년 전에 생긴 나이테 층이 아주 좁은 걸 보니까. 십 년 전에는 과일이 아주 많이 열렸겠군……"

그런 사실들을 알 수 있거든요.

나무 윗부분의 잔 가지에는 정확한 나이테가 나타나지 않아요. 굵은 나무 밑동이라야 정확한 나이테가 새겨집니다. 그러니까 잔 가지를 베어 보고는

"아니, 한아름이 넘는 나무가 겨우 두 살이라니 말도 안 돼."

나이테를 보면 나무에 대해 많은 걸 알 수 있지요.

그렇게 말하면 망신을 당하기 쉽지요. 굵은 나무 밑동을 잘라 봐야 정확하게 알 수 있어요.

나이테는 나무 안쪽으로 갈수록 나이 든 층이랍니다. 당연히 어린 나이테는 맨 바깥쪽에 만들어지겠죠. 지난해 자란 살 위에 올해 자란 살이 겹쳐지거든요. 해마다 그렇게 돼요.

사람이나 동물의 살은 그렇지 않습니다. 한꺼번에 살이 많이 쪘다가 금세 빠지기도 해요.

나무는 어떨까요? 나무는 한번 살이 찌면 빠지지

않아요.

나이테는 살 안쪽에 있을수록 나이 들었고, 바깥쪽에 있을수록 젊다고 했지요.

사람도 주로 젊은 사람들이 가장 힘차게 일을 합니다. 식물도 똑같아요. 바깥쪽에 있는 젊은 나이테들이 활발하게 움직입니다.

가운데 쪽으로 갈수록 일을 적게 해요. 전혀 일을 하지 않는 나이테도 있어요.

사람들도 나이가 많아지면 일을 하지 못하게 됩니다. 부끄럽게도 젊은 사람들은 그런 노인들을 모시려고 하지 않아요. 심지어 병든 부모를 길에다 버리고 도망치는 자식들도 있는걸요.

사람과는 달리 식물들은 젊은 나이테가 일을 해서 늙은 나이테를 따뜻하게 모십니다.

늙은 나이테를 모시는 젊은 나이테를 보면 절로 고개가 숙여질 정도입니다.

요즘은 전철에서 나이 든 할아버지들이 다가와도
"할아버지, 여기 앉으세요."
하고 자리 양보하는 모습을 좀처럼 보기 힘들어요.

식물들은 달라요. 젊은 나이테는 늙은 나이테를 아

주 헌신적으로 보살피거든요.

늙은 나이테는 색깔이 어둡고 살결이 딱딱합니다. 젊은 나이테는 색깔이 밝고 곱지요.

"아저씨, 사람하고 똑같네요. 늙은 할아버지들은 주름살도 많고 옷도 좀 어두워요. 젊은 언니들 옷차림을 봐요. 아주 화려하잖아요. 아저씨, 그렇지요?"

맞아요. 여러분들 피부는 생기가 넘치고 부드럽지만, 할아버지들은 생기가 없고 다소 굳어 있게 마련이거든요. 그것은 어쩔 수 없는 자연의 현상이랍니다.

그런데 나이 든 나이테가 늙은 할아버지들과 다른 점이 있어요. 늙은 할아버지들은 힘이 없지만, 늙은 나이테는 젊은 나이테보다 힘이 강하답니다.

수액이 거의 흐르지 않아서 딱딱하게 굳어 버리기 때문입니다. 나무는 굳어질수록 강해지거든요.

그렇게 딱딱하게 굳은 나이테는 비바람으로부터 전체 나무를 지켜 주지요. 그러니까 나이 들었다고 해서 전혀 필요 없는 게 아니랍니다. 말없이 전체 나무 줄기를 지켜 주는 게 늙은 나이테이니까요.

사람들이 가구를 만드는 부분도 늙은 나이테랍니다. 젊은 나이테는 살이 물러서 쓸모가 거의 없어요.

간혹 나이테 중심 부분이 단단하지 않은 나무를 볼 수 있답니다. 그런 나무들은 나이가 들면서 가운데 부분이 텅 비게 돼요. 그래도 나무는 죽지 않아요.

감나무나 느티나무에 그런 경우가 많습니다.

곰이 들어갈 만큼 속이 텅 비어도, 그 나무는 죽지 않고 살아요.

"아저씨, 그렇다면 나무는 늙은 나이테 층이 없어도 산다는 뜻입니까?"

그렇지요. 그것은 별로 놀라운 사실이 아닙니다.

여러분들 중에서도 할아버지 할머니가 계시지 않은 사람이 있지요?

그래요. 나무도 마찬가지랍니다. 늙은 나이테가 몇 개 죽었을 뿐입니다. 어차피 생명력은 젊은 나이테한테 있으니까요.

늙은 나이테가 죽어도 젊은 나이테만 살아 있으면 그 나무는 죽지 않아요.

그러니까 여러분들은 수백 년 묵은 고목을 보고

"와아, 저 나무는 늙었다."

하면 안 됩니다.

그 나무에는 수백 년 된 나이테부터 한 살 먹은 나

이테까지 한꺼번에 모여서 살고 있는걸요.

어쩌면 수백 년 나이 먹은 나이테는 죽었을지도 몰라요. 속이 비었다면 죽었겠지요.

그럴 경우에도 바깥쪽에 젊은 나이테들이 모여 있으니, 그 나무는 상당히 젊은 나무라고 말해도 틀린 말은 아닙니다.

다섯 번째 이야기

무엇이든 만들어 내는 마술사

 줄기라는 건물을 만드는 세포 벽돌

여러분, 재미있나요?

자, 그럼 다른 이야기 하나 할게요.

여러분들이 입고 있는 옷을 볼까요?

옷은 가로와 세로로 뻗어 나간 많은 실로 엮여 있지요?

버리는 옷이 있으면 핀으로 실을 한 올 한 올 떼어 보세요. 아주 많은 실이 나올 겁니다. 그 중에서 실 한 올만 더 자세히 보기로 해요. 실은 가느다란 섬유가 꼬여져서 만들어집니다.

실을 풀어 보면 여러 가지 섬유가 나옵니다. 양털이나 모시, 나일론 같은 섬유이지요.

왜 갑자기 그런 이야기를 하냐고요?

식물 몸에 대해서 이야기하려고요.

식물 몸도 양털같이 가느다란 세포들이 모여서 만들어졌거든요.

가느다란 세포는 사람들 눈에 보이지 않습니다. 현미경으로 보면 작은 세포로 되어 있음을 알 수 있어요.

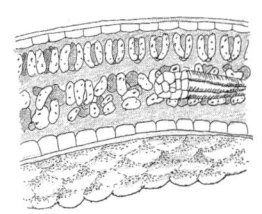

잎을 옆으로 자른 모습

식물의 몸은 양털같이 가느다란 세포들로 이루어져 있습니다.

세포는 살아 있는 동물 같지요. 움직이는 놈들도 있답니다. 아주 얇고 투명해요. 정말 신기합니다. 세포는 식물 살을 만드는 원료거든요.

나무가 거대한 건축물이라고 생각해 보세요.

건물을 만들려면 벽돌이 있어야 합니다. 바로 세포가 그 벽돌이나 다름없어요. 작은 세포들이 차곡차곡 쌓여서 나무 살이 되는 거지요.

세포들은 아주 부지런하답니다. 밤에도 쉬지 않아요.

세포가 벽돌을 쌓지 않으면 어떻게 될까요?

아까운 시간을 낭비하게 됩니다. 왜냐고요? 식물들은 가을이 되기 전에 충분히 자라야 하거든요. 그러니까 조금이라도 쉬면 시간 낭비랍니다. 알겠어요?

만약 세포들이 게으름을 피우면 나무는 그만큼 자

> 세포는 식물의 살을 만드는 원료랍니다.

라지 않는답니다. 다른 나무들과 경쟁에서 질 수도 있어요. 또 겨울에 영양 부족으로 죽을 수도 있고요. 그래서 세포는 누가 감시를 하지 않아도 게으름을 피우지 않는 거랍니다.

세포는 얇은 비닐처럼 투명한 옷을 입고 있어요. 생김새는 대부분 둥글둥글합니다.
짧은 시간 동안 수백만 개 세포가 만들어지다 보니
"야, 비켜. 여기가 내 자리야."
"못 비켜. 여기는 내 자리라고!"
하고 서로 자리 싸움을 하기도 하지요. 그러다 보니 찌그러진 세포도 생긴답니다.
사람들도 마찬가지잖아요? 영화를 보기 위해서 표를 사려고 줄을 서 있는데 누군가 새치기를 하면 싸움으로 번지기도 합니다. 주먹으로 치고받다 보면 서로 얼굴이 터지기도 하지요.
세포들도 그래요. 새치기도 하고 자리 싸움도 하고 서로 부딪히기도 하니까요.

마술 주머니를 가진 세포

세포들은 신비한 음식이나 독을 만들어 내는 마술 주머니나 다름없어요.

그래서 힘없는 마늘은

'땅 속에 있는 음식 창고를 지키기 위해서는 아주 강한 독이 필요해. 녹말은 충분하니까 아주 독하게 만들어 내야 해. 옆에 오기만 해도 냄새를 맡고 도망칠 만큼 강한 독이면 좋겠어.'

하고 고민하다가 사람들조차 두려워하는 독을 만들어 냈어요.

여러분도 아린 마늘을 싫어하지요?

식물들은 저마다 독특한 액체를 만들어 냈답니다.

애기똥풀이라는 풀은 노오란 독물을 가지고 있어요.

애기똥풀은 노오란 꽃을 피우지요. 여러분들이 조금만 관심을 가지면 쉽게 볼 수 있는 풀입니다. 아주 흔하거든요.

잎은 쑥하고 비슷해요. 줄기를 상처내 보면 갓난아

이들 설사똥 같은 즙이 나와요. 즙이 애기똥과 비슷해서 애기똥풀이라고 했어요.

그 모든 액체들이 세포 주머니 속에서 나와요.

사람들 성격이 다르듯 식물들 성격도 다르거든요.

애기똥풀은 녹말로 독물을 만들어서

"누구든 내 잎을 뜯어먹으면 무사하지 못할 것이야."
하고 위협하지요. 애기똥풀 독은 마늘이 만들어 내는 독보다 훨씬 독해요. 심하면 동물을 죽일 수도 있거든요. 그러니 애기똥풀은 무서운 풀이랍니다.

그렇게 식물들은 녹말을 이용해서 다양한 액을 만들어요. 녹말이야말로 식물에게는 위대한 발견이랍니다.
만약 식물이 녹말을 만들지 못한다면 겨울을 나기도 힘들었을 겁니다.
식물은 씨앗이나 뿌리, 혹은 줄기에다 음식을 저장합니다. 물론 식물 식량은 쌀이나 밀과는 달리 액체로 되어 있지요. 그러다 보니 상하기가 쉽답니다. 수분이 많은 음식일수록 빨리 상하거든요.
생선을 말리는 사람에게 그 이유를 물으면
"말리면 썩지 않기 때문이지 뭐야."
하고 대답합니다.
그러나 그렇게 말려서 보관하는 것에도 한계가 있어요. 소금에 절여서 보관해도 마찬가지입니다. 여러분들은 냉장고 속에서도 김치가 신다는 사실을 알 겁니다. 인간이 음식을 완벽하게 보관하려면 냉동을 시키는 수밖에 없어요.

그런데 식물에게는 음식을 얼려서 보관할 냉장고가 없어요.

당연히 곰팡이가 슬겠지요. 벌레가 훔쳐 먹을 수도 있고요. 더위에 시달리다 썩을 염려도 있답니다.

그런데 과연 그럴까요? 아닙니다.

식물은 녹말이라는 액체를 만들어서

"우리 식물들이 가장 자랑하는 것은 녹말입니다. 우리는 음식을 녹말로 바꾸어서 보관하지요. 그러면 곰팡이도 슬지 않아요.

곤충이나 벌레요? 어림없지요. 아주 무시무시한 독보다 녹말을 더 두려워하거든요. 녹말은 음식을 썩지 않게 합니다. 겨울에는 얼지도 않게 해요. 그래서 우리들은 마음놓고 음식을 저장할 수가 있지요."
하면서 사람들이 깜짝 놀라도록 완벽하게 보관한답니다.

녹말로 저장된 음식은 일 년이 지나도 거의 썩지 않거든요.

"일 년요? 우리를 너무 낮게 평가하는군요. 우리 식물 중에서는 수백 년 동안 씨앗 속에다 음식을 저장한 신기록을 가지고 있는 것도 있어요. 몇십 년 정도는 우습다고요."

그렇게 수십 년에서 수백 년간 변하지 않게 저장할 수 있답니다.

냉장고로는 그렇게 못해요. 어림없어요. 식물은 음식을 얼리지 않고도 수백 년 동안 보관하잖아요.

식물이 저장한 음식은 쉬지도 않고 얼지도 않아요. 바로 녹말 때문이랍니다.

녹말은 아무런 맛이 없어요. 물에 타면 어떻게 될까요? 그래요, 실망스럽게도 아무런 변화가 없습니다.

녹말 자체만으로는 음식이 되지 않아요. 대신 녹말은 여러 가지로 변하는 성질이 있지요. 쓴맛 단맛으로도 변하고 독으로도 변합니다.

세포들은 그런 녹말을 이용해서

"우리들은 단 음식을 좋아하니까 당분을 만들어야지."

"우리들은 신맛을 좋아해. 그래서 신 음식을 만들 거야."

하고 각자 입맛에 맞는 음식을 만들어 내는 겁니다.

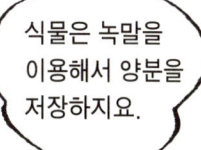

식물은 녹말을 이용해서 양분을 저장하지요.

벌레들이 밤보다 감자를 두려워하는 이유

녹말이 많은 식물은 감자입니다. 감자는 줄기를 땅속으로 뻗은 다음 많은 음식을 저장해 놓지요.

음식을 많이 저장하려다 보니 어쩔 수 없이 덩치가 커진 것입니다.

"아저씨, 왜 생감자를 먹으면 아린 맛이 나지요?"

아주 좋은 질문입니다. 감자는 가시가 없어요. 단단한 갑옷도 없고요. 그래서 벌레들이 늘 훔쳐 먹는답니다. 그것을 막기 위해서 감자는 녹말로 독을 만들어서 품고 있답니다.

"아저씨, 그런데 왜 찌면 맛있어요?"

허허, 그것은요, 뜨거운 열이 감자 독을 없애 주기 때문이에요. 사람들은 불을 발견한 후 그 사실을 알게 되었어요. 열이 감자나 마늘 독을 없애고 녹말을 당분

으로 바꾼다는 사실을요.

 물론 불을 사용하지 못하는 동물들은 생감자를 먹을 수가 없어요. 그러니까 불이야말로 중요한 발견이랍니다.

 여러분들이 좋아하는 밤에도 녹말이 있어요. 밤은 감자처럼 녹말을 독으로 쓰지는 않아요. 그래서 밤은 찌지 않아도 맛있답니다. 대신 아주 단단한 옷을 입고 있지만 벌레들은
"흥, 그렇다고 우리가 먹지 못할 줄 알고?"
하면서 마음놓고 뚫고 들어가서 밤을 갉아 먹지요.
 여러분들은 삶은 밤을 먹다가
"에이, 벌레 먹었잖아. 이것도 벌레 먹었네! 왜 이렇게 벌레 먹은 게 많지?"
하면서 밤을 패대기친 경험이 있을 겁니다.
 이상하지요? 가시와 두꺼운 갑옷으로 무장했거늘 감자나 마늘보다 벌레들이 많으니까요.
 더구나 감자는 밤처럼 단단한 옷도 입지 않았는걸요. 고슴도치 같은 가시도 없고요.
 그래도 벌레들은 감자를 더 두려워해요. 바로 그 무

시무시한 녹말 독 때문입니다.

밤은 녹말 독을 가지고 있지 않으니까요.

 녹말을 설탕으로 바꾸는 보리

사람들은 불을 이용해서 녹말을 다른 음식으로 바꿉니다.

"아저씨, 찐 감자가 왜 맛있는지 이제야 알겠어요."

그래요. 옥수수도 마찬가지랍니다.

자, 그럼 식물은 어떤 방법으로 다양한 음식을 만들까요? 앞에서도 말했지만 식물들 입맛은 다 다르잖아

요?

신맛 단맛 떫은맛······.

세포는 불을 이용하지 않고 녹말을 음식으로 만들어 내지요.

간단한 실험을 해 보지요.

우선 보리를 접시 위에 놓고 물을 주세요. 그런 다음 따뜻한 곳에 두면 곧 싹을 틔웁니다.

새싹이 돋아나면 보리는 아주 부드러워져요. 저장된 음식을 파릇한 싹이 먹어 치우기 때문이지요.

손가락으로 보리를 누르면 단맛이 나는 즙이 나옵니다. 어린눈이 먹을 수 있도록 녹말을 달게 만든 것입니다.

사람들은 그런 보리를 이용해서 다른 음식을 만들어요. 싹이 난 보리를 말려서 갈면 엿기름이라는 당분

이 됩니다.

설탕이 없었던 옛날에는 그런 식으로 설탕을 만들었어요.

지금도 식혜라는 음식을 만들 때면

"식혜 맛은 엿기름에서 나와. 엿기름이 좋아야 식혜가 맛있거든."

그렇게 말씀하시는 할머니들이 계시지요.

엿기름이란 식물이 녹말을 설탕으로 바꾸어 놓은 음식이랍니다.

식혜 단맛은 그 엿기름으로 우려낸답니다.

대체로 식물들은 단 음식을 좋아해요. 그러므로 식물은 녹말을 단 음식으로 바꾸어야 해요.

식물은 불이 없어도 녹말을 단 음식으로 바꾸는 법을 안답니다. 참으로 놀랍지요?

그런데 어떻게 녹말을 다른 음식으로 만드는지는 아무도 몰라요.

음식 창고에는 작은 알갱이 모양으로 녹말이 저장되어 있어요.

여러분, 감자 음식 창고에서 녹말을 끄집어 내 볼까요?

우선 감자를 갈아 보세요. 그런 다음 물을 조금 부어서 휘휘 저은 후, 커다란 컵에다 천을 걸치고 그것을 천천히 부어요. 그러면 녹말 알갱이는 천을 거쳐서 아래로 떨어지지요.

곧 컵 속은 흐린 물로 가득 차게 됩니다. 조금 있으면 녹말이 가라앉아요. 그 때 조심스럽게 물을 버리세요. 하얀 녹말만 남을 테니까요.

이런 실험은 누구나 할 수 있어요. 여러분들도 꼭 해 보세요. 그 실험으로 감자가 녹말로 뭉쳐져 있음을 알 수 있답니다.

여섯 번째 이야기

억세게 살아가는 곰팡이와 버섯

 자연의 청소부들

이 세상에는 세포 하나만으로 살아가는 식물들이 있어요.

그 식물들은 비록 세포 하나만으로 살지만 무척 강하답니다. 큰 생명체들조차 도저히 살 수 없는 곳에서 살거든요. 북극이나 남극 같은 곳에서요. 북극이나 남극은 사람도 살지 못하잖아요?

세포 하나만으로 살아가는 식물들은 어디에서든 살 수 있어요.

"그럼요. 우리들은 더러운 연못이나 썩은 나무껍질, 썩은 과일이나 우유, 딸기잼 같은 것들, 썩은 동식물, 심지어 살아 있는 동물 몸에서도 살 수 있어요."

북극이나 남극이 얼음으로 덮여 있다고 해도 세포

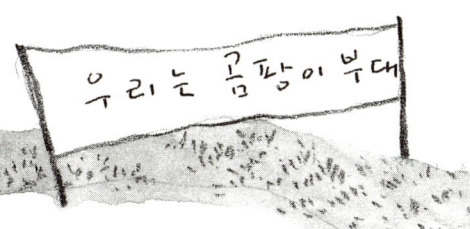

하나로 살아가는 식물들에게는 아무런 문제가 되지 않습니다.

세포 하나로 살아가는 식물들은 하도 작아서 잘 보이지도 않아요. 나이테도 없어요. 오직 세포 하나만으로 몸을 만들어서 살아가지요.

그래서 '세포 하나를 가진 식물'이라고 부릅니다. 버섯이나 곰팡이 같은 식물이 그 주인공입니다.

"아저씨, 곰팡이가 식물이라고요?"

그럼요. 틀림없이 식물이지요. 작아서 잘 안 보일 뿐입니다. 겉모습만 보고 판단해서는 안 돼요. 비록 예쁜 꽃을 피우지는 않지만 세상에서 가장 중요한 일을 하거든요.

곰팡이나 버섯은 환경미화원 아저씨들이나 다름없지요. 죽거나 버려진 모든 생명체들을 썩혀서 흙이 되게 한답니다. 곰팡이나 버섯이 아니면 그 일을 누가 하겠어요?

여러분, 만약 버려진 생명체가 썩지 않는다면 어떤 일이 벌어질까요?

허허허, 썩지 않는 비닐처럼 동식물 시체들이 온 세상을 덮고야 말겠지요. 사람도 죽으면 곰팡이들이 흙으로 만들어 줍니다. 썩어서 흙이 된다는 사실은 아주 중요하거든요.

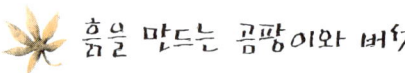

흙을 만드는 곰팡이와 버섯

곰팡이와 버섯이 죽은 생명체를 썩혀서 흙을 만들면 다른 생명체들은 그 흙에서 살아갑니다. 풀이나 나무들입니다. 풀이나 나무는 흙이 없으면 살 수가 없습니다.

그렇게 흙에서 자란 풀과 나무를 누가 먹을까요?

맞아요. 토끼나 소 같은 동물들도 먹고, 사람들도 먹어요. 토끼나 소는 풀이 없으면 살 수가 없어요. 사람도 풀이 없으면 살 수 없답니다. 사람들이 먹는 쌀과 밀도 풀이거든요.

그만큼 흙은 중요합니다.

이제 흙을 만들어 내는 곰팡이와 버섯이 얼마나 중요한 일을 하는지 알겠지요?

며칠밖에 살지 못하는 곰팡이라고 할지라도 수백 년 사는 도토리나무만큼이나 중요하답니다.

곰팡이나 버섯은 수억 년 전부터 지구에 나타나서 용암이나 바위를 잘게 부수어 흙으로 만들었어요. 곰팡이나 버섯이 흙을 만들어 놓자 비로소 큰 나무들이 생겨났으니까요.

지금 살고 있는 모든 생명체들은

"고맙다 곰팡아, 버섯아!"

하고 말해야 합니다. 사람도 마찬가지고요.

곰팡이를 너무 미워하지 말아요

식물이나 동물들은 곰팡이의 고마움을 알지만, 사람들은
"어휴, 또 곰팡이가 슬었네. 아주 불결해!"
하면서 불평을 하지요.

특히 장마철만 되면 곰팡이 때문에 한바탕 전쟁을 벌입니다.

"여보, 이 옷 좀 봐. 곰팡이가 슬었잖아. 당신이 얼마나 게을렀으면 곰팡이가 다 슬어!"

"제가 언제 게을렀어요? 집 안에 습기가 많으니까 그런 거지요!"

그러면 옆에 있던 텔레비전이

"곰팡이 잡는 약이 나왔습니다. 장마철에 기승을 부리는 곰팡이를 퇴치합시다! 곰팡이 잡는 약은 바퀴제약회사에서 나온 곰팡이 제로……."

이러면서 얌체같이 곰팡이 죽이는 약을 선전하지요. 곰팡이 죽이는 약은 아주 잘 팔립니다.

물론 곰팡이를 미워하는 마음은 이해가 됩니다. 아무래도 곰팡이가 끼면 살아가는 데 불편하니까요.

가령 벽에 곰팡이가 끼었다고 해 보세요. 아주 보기 싫지요. 당연히 곰팡이를 미워할 수밖에 없지요. 그러나 곰팡이 입장에서도 생각을 해야지요.

잼이 든 병뚜껑을 제대로 닫지 않으면 금방 곰팡이가 슬어요. 그러면 사람들은

"에이, 이거 불량식품 아냐? 곰팡이가 뭐야 곰팡이가. 어휴, 불결해!"

곰팡이와 버섯은 우리에게 꼭 필요한 존재랍니다.

하고는, 식품회사에다 항의를 하지요.

여러분, 곰팡이 입장에서 보면 너무도 당연한 일입니다. 곰팡이는 자기가 할 일을 했을 뿐이라고요. 정말이에요.

"우리 곰팡이들이 무슨 죄가 있나요? 잼은 죽은 생명입니다. 그러니까 썩어야 해요. 우리는 죽은 것을 분해해서 썩게 하는 일을 해야 해요. 생명을 만든 신이 그런 일을 하도록 했어요. 잼이 썩지 않게 하려면 당신들이 보관을 잘 해야지요. 병뚜껑을 잘 닫지 않으니까 우리들이 들어간 것이지요. 제발 우리들을 미워하지 마세요."

어때요? 곰팡이들 말이 맞지요?

정말 곰팡이에게는 죄가 없답니다.

생명을 만든 신이

"곰팡이 너희들은 죽은 것들을 부지런히 썩게 해야 한다. 게으름 피우면 안 돼. 알겠느냐? 만약 너희들이 게으름을 피우면 새로운 생명이 태어나지 못한단다! 무엇이든 썩혀서 흙을 만들어야 해. 그래야지 다른 생명체들이 살 수 있으니까."

하고, 아주 중요한 일을 맡겼거든요. 곰팡이는 신의

명령에 충실히 따를 뿐입니다. 사람들에게 욕을 먹어도 어쩔 수 없어요.

잘못이 있다면 잼이 든 병뚜껑을 잘 닫지 않은 사람들에게 있겠지요.

자, 이제 알겠지요? 세포 하나로 살아가는 곰팡이가 얼마나 위대한 일을 하는지요.

더구나 사람들은 곰팡이로 많은 약까지 만들고 있잖아요.

도대체 곰팡이로 만든 약이 뭐냐고요?

예에, 여러분들이 감기만 걸려도 먹는 약이랍니다. 그 약을 '항생제'라고 해요. 항생제는 많은 사람들의 생명을 구해 주었답니다.

누룩곰팡이

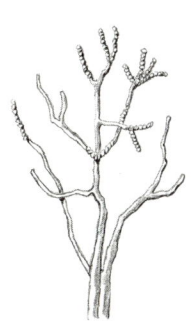

푸른곰팡이

세포 하나로 살아가는 곰팡이는 죽은 것을 분해해서 썩게 만드는 아주 중요한 일을 합니다.

 사람의 머리에도 곰팡이가 살아요

가끔씩 살아 있는 생명체를 공격하는 곰팡이도 발견됩니다.

보리밭에 가면 깜부기라는 것이 있어요. 여러분들의 부모님께 여쭈어 보면

"암, 알지. 깜부기를 뜯어다 얼굴에다 시커멓게 바

르기도 했단다. 그런데 그 깜부기가 곰팡이한테 공격을 받아서 까맣게 썩은 것이라고? 그것 참 놀랍구나." 하면서 고개를 갸우뚱하실 겁니다.

분명히 깜부기는 곰팡이랍니다.

사람이라고 해서 그런 곰팡이로부터 무사할까요?
천만의 말씀입니다.
여러분들도 머리를 감지 않으면 아주 가렵지요?
놀랍게도 머리를 가렵게 하는 무법자는 비듬이라는

곰팡이랍니다.

사람 머리에도 수많은 식물이 자라고 있는 셈이지요.

 곰팡이와 버섯은 왜 꽃을 피우지 않을까요?

곰팡이나 버섯은 세포 하나만으로 살아갈 수밖에 없습니다. 워낙 나쁜 환경 속에서 사니까 물관이나 나이테 따위를 만들 수가 없답니다.

사람들도 찢어지게 가난하면

"먹고 살기도 바쁜데 무슨 얼어 죽을 놈의 장롱이고 텔레비전이야?"

하면서 살림살이라고는 하나도 갖추지 못하는 것과 같습니다. 하루하루 살기도 힘든데 어떻게 살림살이를 마련하겠어요? 좋은 옷이나 신발은 꿈도 꾸지 못해요. 하루하루 먹고 살기도 힘드니까요.

세포가 하나인 식물들도 마찬가지랍니다.

세포가 하나인 식물들이 사는 곳은 햇볕 한 점 들지 않는 땅 속이나 그늘, 얼음 속, 바위 틈이거든요. 그러니 항상 가난할 수밖에 없지요.

밥을 많이 먹을 수도 없어요.

게다가 사는 시간도 짧답니다.

얼음 속에서 어떻게 꽃을 피울 수가 있겠어요? 메마른 용암 바위나 돌멩이 틈에서 어떻게 녹색의 잎을 매달 수가 있겠어요? 그런 곳에서 산다는 것 자체가 기적인걸요.

그래서 곰팡이나 버섯은 예쁜 꽃을 피울 수 없습니다. 녹색 잎도 매달 수 없고요.

이제 곰팡이나 버섯이 왜 꽃을 피우지 않는지 이해가 되지요? 일부러 꽃을 피우지 않는 건 아니랍니다. 풀들이 살기 힘든 환경에서 살다 보니 꽃을 피울 수가

없었던 것입니다.

곰팡이는 그런 곳에서 꿋꿋하게 살아가고 있는 겁니다.

 잎이 녹색이고 꽃을 피우는 식물들

이 지구에는 곰팡이나 버섯 외에도 많은 식물들이 있어요.

여러분들도 아는 풀 이름을 말해 보세요. 토끼풀, 씀바귀, 달래, 냉이, 배추, 무…….

배추나 무도 풀이지요. 다만 사람들이 먹기 때문에 채소라고 부를 뿐입니다.

또 여러 해 동안 살아가는 나무들이 있습니다. 나무도 식물이라고 해요. 자, 그럼 아는 나무 이름을 불러 보세요. 버드나무, 감나무, 은행나무, 앵두나무, 소나무……. 그래요. 아주 많지요.

여러분들이 말한 나무와 풀은 앞에서 아저씨가 이야기한 곰팡이나 버섯하고는 다르답니다.

무엇이 다를까요?

우선 나무와 풀은 여러 가지 꽃을 피웁니다. 또 잎

나무와 풀은 곰팡이와 어떻게 다를까요?

이 대부분 녹색이지요.

나무와 풀은 세포가 하나인 식물처럼 얼음 밑이나 그늘진 바위 틈에서는 살지 못합니다.

나무와 풀은 많은 세포를 가지고 있어요. 몸도 크고요. 그러다 보니 땅이 가물거나 춥거나 그늘지면 살 수가 없지요. 햇볕이 잘 들고 기름진 땅에서만 살 수 있어요.

세포를 많이 가진 식물들에게는 햇볕과 물이 가장 중요해요. 햇볕이나 물이 없으면 죽거든요. 물론 세포 하나만으로 살아가는 식물들은 죽지 않지만요.

그 대신 세포 하나만으로 살아가는 식물들은 몸이 작고 꽃을 피우지도 않는다고 앞에서 말했지요.

세포를 많이 가진 식물들은 여러 가지 살림살이가 필요해요. 더 많은 햇볕을 쬐기 위해서 잎사귀도 크게 만들어야 하고, 많은 물을 끌어올리기 위해서는 물관도 만들어야 하지요.

다행히도 세포가 하나인 식물보다 많은 영양분을 모을 수가 있으니까, 물관도 만들고 꽃도 피우고 잎사귀도 만드는 것입니다.

외떡잎식물을 게으르다고 하지 마세요

녹색 식물은 두 부류로 나누어집니다.

떡잎 모양을 보고 구분하지요. 떡잎이 두 개인 식물은 '쌍떡잎식물', 떡잎이 하나인 식물은 '외떡잎식물'이라고 해요.

모든 식물은 그렇게 구분할 수 있어요. 여러분들이 알고 있는 모든 식물이 다 그래요.

쌍떡잎식물과 외떡잎식물은 떡잎 개수뿐만 아니라 살아가는 모양도 달라요.

우리나라 사람하고 일본 사람이 서로 다르듯이요. 또 흑인하고 백인하고도 다르잖아요?

다만 식물들은 사람처럼 그 종류가 다양하지 않을 뿐입니다. 쌍떡잎식물과 외떡잎식물이 대표적인 민족이라고 할 수 있지요.

두 식물은 서로 다르게 살아요.

즉, 쌍떡잎식물과 외떡잎식물은 자신들이 편리하도록 살아간다는 뜻이지요. 그러다 보니 사람들에게 오해를 받기도 하지요. 도대체 어떤 오해를 받냐고요?

어떤 사람들은 무작정 쌍떡잎식물만 칭찬을 하기도

옥수수

떡잎이 하나인 옥수수는 외떡잎식물이고, 잎은 나란히맥을 하고 있습니다.

콩

떡잎이 두 개인 콩은 쌍떡잎식물이고, 잎은 그물맥을 하고 있습니다.

하거든요.

"어휴, 외떡잎식물들은 게으름뱅이야. 외떡잎식물을 잘라서 현미경으로 보면, 몸 안에 있는 물관이며 체관 같은 것들이 아주 어지럽게 널려 있거든.

그러나 쌍떡잎식물 몸을 들여다보면 달라. 물관이며 체관 같은 것들이 잘 정돈되어 있으니까. 우리 마누라도 쌍떡잎식물 같으면 좋겠어. 정리정돈을 잘하고 살면 얼마나 좋냔 말야."

그렇게 말하거든요.

사실 그 사람 말이 전혀 틀린 건 아니랍니다. 외떡잎식물은 몸 안에 물관이며 체관이 어지럽게 널려 있거든요.

반대로 쌍떡잎식물의 몸에 있는 물관이며 체관은 정리가 잘 되어 있고요.

그렇다고 무조건 외떡잎식물을 욕해서는 안 됩니다. 외떡잎식물이 그렇게 사는 데는 다 이유가 있거든요. 대체 무슨 이유냐고요?

허허허, 알았어요. 아저씨가 알려 줄게요. 그 전에 아저씨가 한 가지 물어 볼게요.

여러분들이 아는 외떡잎식물을 한번 이야기해 보세요.

밀, 쌀, 나리꽃……. 더 이상은 모르겠다고요? 그럼 아저씨가 말해 줄게요. 대나무나 바나나나무도 외떡잎식물이랍니다. 이 밖에도 갈대나 억새풀이 있고요.

외떡잎식물은 대나무와 야자나무를 제외하고는 대부분 한해살이 풀이랍니다. 나무는 거의 없어요.

그럼 쌍떡잎식물을 볼까요?

콩, 땅콩, 분꽃 같은 풀도 있지만, 감나무, 밤나무, 도토리나무, 호두나무 같은 나무들입니다. 우리나라에 있는 나무들은 대부분 쌍떡잎식물이랍니다.

대부분이 풀인 외떡잎식물은 추운 겨울이 오기 전에 자라서 꽃을 피우고 열매를 맺어야 해요.

대부분이 나무인 쌍떡잎식물은 느긋하지요. 겨울이 와도 죽지 않으니까 천천히 자라는 겁니다. 서두를 이유가 없지요. 시간이 많으니까, 물관이며 체관도 정리를 잘하고요.

서둘러서 자란 다음 꽃을 피우고 열매를 맺어야 하는 외떡잎식물은 한가롭게 집 안 정돈을 할 시간이 없어요. 그러다 보니 집 안은 엉망이지요. 금방 여름이 가고 가을이 오는걸요.

어때요, 이제 외떡잎식물이 집 안 정돈을 안 한다고 욕할 수는 없겠지요?

 나리 이야기

그런데도 외떡잎식물을 욕하는 사람들이 있어요.

외떡잎식물을 욕하는 사람들은 들장미와 나리를 비교합니다.

들장미는 여러해살이 식물이고, 나리는 한해살이입니다. 당연히 들장미는 쌍떡잎식물이지요.

"애들아, 잘 봐. 들장미꽃은 나리꽃보다 꽃잎이 잘 정리되어 있어. 게다가 꽃잎을 보호해 주는 꽃받침도 있어. 꽃잎은 서로 한쪽이 엇물리면서 포개져 있고, 요새처럼 둘러싸여 있지.

그러니까 훨씬 튼튼하지. 비바람이 불어도 잘 떨어지지 않아.

반대로 나리꽃은 말야, 꽃은 예쁘지만 형편없단다. 우선 꽃잎이 잘 망가져. 게다가 꽃받침도 없어. 그러니 비바람이 조금이라도 불면 꽃잎이 떨어지지.

이번에는 잎을 비교해 볼까? 들장미 잎은 그물 모양으로 뼈대가 있지만, 나리 잎은 뼈대가 한쪽 방향으로 얽혀 있는 것을 알 수 있을 거야.

그럼 어느 쪽이 튼튼할까? 암, 당연히 잎뼈대가 그물 모양으로 얽힌 쪽이 튼튼하지. 잎 뼈대는 건물의 철근이나 다름없거든. 건물은 철근이 많이 들어갈수록 튼튼하잖아?

철근을 그물 모양으로 넣을수록 튼튼해. 나리 잎처럼 한쪽 방향으로만 철근을 넣으면 엉터리 공사가 된단다……"

물론 틀린 말은 아닙니다. 그래도 욕을 해서는 안 돼요. 앞에서도 말했지만, 외떡잎식물에게는 그럴 만한 사정이 있거든요.

그 사정을 알고서 말을 해야지요. 직접 외떡잎식물인 나리에게 들어 보지요.

"예에, 사람들이 우리 외떡잎식물을 쌍떡잎식물보다 나쁘게 보는 것은 이해가 갑니다. 하지만 우리 이야기를 들으면 달라질 겁니다.

앞에서도 말했지만 우리 나리들은 가을이면 시들어요. 들장미는 줄기가 시들지 않고 남아 있다가 이듬해 봄이 되면 다시 싹을 내밀지요. 그러니까 꽃을 피울 때도 힘이 덜 들고 서두를 필요가 없어요.

생각해 보세요. 우리 나리들은요, 봄이 되면 작은 씨앗에서 움튼 다음 들장미만큼 자라야 합니다. 그러니 얼마나 힘들겠어요. 또 우리들이 들장미만큼 자랄 때면 이미 여름이 깊어 가지요.

그래서 우리들은 가급적 예쁘게 꽃을 만들지요. 벌이나 나비를 빨리 불러야만 꽃가루가 옮겨져서 열매를 맺을 수 있으니까요. 들장미처럼 꽃받침을 만들고 꽃잎을 질기게 하고 잎사귀에다 많은 뼈대를 만들 틈이 없어요.

만약 들장미처럼 꼼꼼하게 하다 보면 우리는 제대로 자라지도 못하고 꽃도 피우지 못하고 죽을 것입니다. 이제 아시겠어요? 제발 우리들에게 손가락질하지 마세요. 우리도 다 생각이 있어서 그러는 거니까요."

자, 나리 이야기를 들으니까 어때요?

외떡잎식물에 대해서 함부로 말한 사람이 얼마나 경솔했는지 알겠지요?

여러분들은 그러지 마세요. 다 자기들 나름대로 이유가 있어서 그렇게 사는 거니까요.

꽃이 덜 예쁜 꽃도 다 이유가 있겠지요. 키가 작은 식물도 다 이유가 있고요.

일곱 번째 이야기

누구 줄기가 더 튼튼할까요?

 우렁이와 아까시 나무의 눈물

예전에는 아이들이 들에서 놀다가 우렁이를 잡으면
"야, 우리 불에다 구워 먹자."
하고 우르르 모여서 불을 피웠어요. 우렁이를 불에다 올려놓으면, 우렁이는 몸이 뜨거우니까
"아, 뜨거워. 어떻게 도망치지? 큰일났군. 어떻게 도망쳐야 할 텐데……."
하면서 뿔을 내밀어 도망치려다가 뜨거우니까 얼른 움츠립니다.
그러면서 우렁이는 마지막 수단으로
"살려 주세요. 제발 살려 주세요!"
하고 뜨거운 점액을 내뿜으며 울지요. 안타깝지만 그 눈물로 불을 끌 수는 없답니다. 할 수 없이 우렁이는

껍데기와 이별을
합니다. 그 동안 나를 보호해
주어서 고맙다고요.

　나무도 그 우렁이처럼 운답니다.
　"아저씨, 저는 나무가 운다는 소리를 한번도
들어보지 못했어요."
　허허, 그래요. 분명히 생나무는 우는데요?
아까시 나무 가지를 아궁이 불 속에 넣어
보세요.
　물론 처음에는 검게 그을리면서
타지 않아요. 점점 열이 가해지면,
나무는 우렁이 점액 같은 눈물
을 흘리면서
　"살려 주세요! 제발 살려 주세
요!"
안타깝게 몸부림칩니다. 그럴수록
불은 사정없이 나무를 태워 버리고야
맙니다.

우렁이는 엉터리 공사를 하지 않아요

우렁이는 왜 껍질을 만들까요?

그래요. 우렁이는 무서운 이빨도 없고 토끼처럼 빠르게 도망칠 수도 없어요. 그러니까 우렁이들은

"우리는 어쩔 수 없이 딱딱한 집을 지었습니다. 만약 적이 나타나면 단단한 집으로 얼른 숨지요. 빠르게 도망칠 수 없으니까 아예 집을 가지고 다녀요. 조금 무겁기는 하지만 안전하니까요."

하고 점액질로 단단하게 껍질을 만들어 냈지요.

우렁이들은 딱딱한 껍질을 만들 때 절대로 엉터리 공사를 하지 않아요. 엉터리 공사를 하면 자신이 죽거든요.

나무들은 줄기를 튼튼하게 만들지요.

나무들도 마찬가지랍니다.

수많은 가지에 달린 눈들은 공동으로 수액을 만들어서 줄기를 튼튼하게 만들어 가지요.

나이테가 있는 굵은 나무 줄기는 눈들이 만든 훌륭한 건축물입니다. 거대한 빌딩이지요. 그 빌딩에 많은 눈들이 세들어서 사는 셈이지요.

만약 줄기가 쓰러지면 세들어 살던 눈들도 모두 죽어요. 그러니 엉터리로 줄기를 만들 수 있겠어요?

 움막 같은 풀들의 건물

그렇다면 쌍떡잎식물과 외떡잎식물 줄기를 건축물이라고 생각해 볼까요?

분명히 두 식물은 건물을 짓는 방법이 다릅니다. 먼저 쌍떡잎식물에게 물어 보지요.

"우리들은 충분한 시간을 두고서 천천히 건물을 지어요. 때로는 수백 년 동안 공사를 하기도 한답니다. 우리들은 거만하지 않아요. 철저하게 설계를 해서 완벽하게 공사를 하거든요.

도토리나무는 아주 단단하지만, 씨앗에서 움틀 때는 풀이나 다름없어요. 도토리나무 세포들은 서두르지 않고 공사를 해서 아주 단단한 줄기를 만들어 내지요."

쌍떡잎식물 중에서도 한해살이 풀들은 도토리나무와 다르지요.

같은 쌍떡잎식물이라고 해도 나무와 달리 아주 빠

르게 줄기를 만들어 가요. 딱 일 년밖에 살지 않거든요. 그러니까 일 년만 버티도록 줄기를 만들면 되지요. 겨울이 되면 소용없거든요.

만약 한해살이 풀들이 지나치게 줄기를 단단하게 만들면 부질없는 낭비가 되지 않겠어요?

다시 말하면, 풀은 몇 달 정도 사용하려고 임시로 만든 움막이나 다름없어요. 그러니까 쌍떡잎식물 중에서도 한해살이 풀들은 외떡잎식물처럼 급하게 자라고 급하게 꽃을 피운답니다. 아무래도 여러해살이 나무처럼 꼼꼼할 수는 없지요.

 바깥쪽에서부터 늙어 가는 껍질

그럼 식물들이 줄기를 만드는 방법을 좀더 자세히 알아보지요.

쌍떡잎식물인 도토리 하나를 뜰에다 심어 보세요. 봄이 되면 풀잎처럼 약한 싹이 움틉니다. 도토리나무는 일 년 내내 줄기를 쌓아올렸으나, 한 뼘도 자라지 못합니다.

그 다음해가 되면 도토리나무는 다시 줄기를 쌓아

올려요. 지난해에 쌓아올린 줄기에다 조금씩 세포를 쌓아 가는 거예요. 세포는 벽돌이나 다름없지요.

그러니까 사람들처럼

"이 건물은 낡았으니까 부수고 다시 지어야겠어."

하고 십 년도 안 된 건물을 부수는 짓은 하지 않아요.

식물들은 오래된 줄기를 자랑으로 생각합니다. 오래된 부분은 자꾸만 줄기 안쪽으로 밀어넣고 겉에다 새로운 세포를 쌓아 갑니다.

줄기를 오랫동안 쓰기 위해서 날마다 보수를 하는 셈이지요. 조금만 낡아 보이면 새로운 세포를 쌓거든요. 그러니 줄기가 쓰러질 리가 없지요. 그래서 줄기의 안쪽은 낡은 건물이 되고, 바깥쪽은 새로운 건물이 됩니다.

아저씨가 나이테를 이야기하면서, 나이테 안쪽은 늙고 바깥쪽으로 갈수록 젊다고 했어요. 그렇다면 이제 나이테가 있는 줄기를 싸고 있는 껍질만 벗겨서 보지요.

껍질은 아주 중요해요. 식물은 강한 세포를 이용해서 껍질을 만들어요. 그래야 바람과 비, 햇볕, 곤충을 이겨내니까요.

껍질은 겨울이 되면 죽고, 또 다른 껍질이 만들어져요. 그 과정은 아주 느려요. 껍질 안쪽에서 새로운 껍질이 다 만들어지면 껍질 바깥쪽에 있던 늙은 껍질은 죽어 갑니다.

"아저씨, 나이테가 있는 줄기 속하고는 다르네요?"

맞아요. 나이테가 있는 줄기는 속으로 갈수록 늙어지고 겉으로 나올수록 젊어지거든요.

줄기를 감싸고 있는 껍질은 정반대랍니다. 껍질은 안쪽이 젊고 공기와 맞닿는 바깥쪽이 늙었거든요. 껍질은 비바람과 맞닿는 겉껍질과 속껍질로 나누어집니다.

겉껍질은 점점 늙어 가고 속껍질은 항상 젊지요.

속껍질은 항상 겉껍질이 될 준비를 하고 있습니다. 만약 속껍질이 죽어 버리면 나무는 죽게 됩니다. 겉껍질을 만들어 내지 못하니까요.

여러분, 커다란 밤나무 밑에 가서 늙은 껍질을 벗겨 보세요. 틀림없이 속껍질이 준비를 하고 있을 테니까요. 그럼요. 식물은 아주 준비가 치밀하거든요.

또 속껍질은 겉껍질보다 곱고 아름다워요. 나무는 겉보다는 속을 더 생각하니까요.

엉터리 공사에도 이유가 있어요

그럼 외떡잎식물의 줄기를 볼까요?

"아이고, 아저씨 잘 됐어요. 아이들에게 우리 외떡잎식물 입장을 말하고 싶어서 입이 근질근질했거든요. 사실 우리들은 줄기를 만들 때마다 엉터리 공사를 한다고 늘 손가락질을 당해요.

변명할 생각은 없어요. 우리가 줄기를 급하게 만드는 게 사실이니까요. 나뭇잎에다 엉성하게 뼈대를 만드는 것도 사실입니다. 우리가 만든 줄기나 잎은 잘 부러지고 잘 찢어지는 것도 사실이고요.

우리도 어쩔 수 없어요. 외떡잎식물의 대표인 야자나무를 보세요. 야자나무는 더운 지방에서 자라거든요. 열대지방에서 쌍떡잎식물처럼 꼼꼼하게 줄기를 쌓아올리다가는 다른 식물들과 경쟁에서 지고 말아요. 그러면 죽는 거지요.

그래서 우리들은 한해살이 풀처럼 급하게 줄기를 쌓아야 해요. 튼튼하게 만들 틈이 없어요. 어서 자라야지 꼼지락거리면 다른 식물들 그늘에 덮이고 말아요. 이제 우리들 마음을 알겠어요?"

아, 야자나무에게 그런 사정이 있었군요. 그렇다면 우리들이 이해해야지요. 이제 누가 외떡잎식물에게
"너희들은 왜 엉터리로 줄기를 만드니?"
하고 말하면 여러분들이 자세하게 말해 주어야 해요.
"아저씨, 외떡잎식물 사정도 모르면서 그렇게 말하지 마세요. 외떡잎식물도 다 생각이 있어서 그러는 거

라구요."

꼭 그렇게 하세요. 이유를 물어 보면, 외떡잎식물이 이야기한 대로 말해 주세요. 알았지요? 그러면 그 사람도 고개를 끄덕거릴 테니까요.

 껍질은 무엇으로 만들어질까요?

어린 가지는 얇은 껍질 한 겹이 덮여 있어요. 해가 갈수록 껍질은 두꺼워집니다.

속껍질이 겉껍질을 밀어 내니까 겉껍질에 금이 생기지요. 결국은 겉껍질이 떨어지게 됩니다. 가지가 굵어지면서 좀더 큰 옷으로 갈아 입는 셈이지요.

사람도 자라면서 자꾸만 더 큰 옷으로 갈아 입잖아요? 나무도 마찬가지랍니다.

나무 껍질은 아주 특별해야 합니다. 우선 비를 맞아도 스며들지 않아야 해요.

또 겨울에는 추위를 견뎌야 해요. 실제로 식물은 비와 추위를 끄떡없이 이겨냅니다.

그 이유는 '코르크'라는 아주 특수한 재료로 껍질을 만들기 때문이지요. 만약 식물이 코르크라는 재료를 만들지 못했다면 다 죽었겠지요.

특히 추운 곳에서 사는 식물들은 코르크 껍질이 없으면 살 수가 없어요. 다 얼어 죽을 테니까요.

코르크가 뭐냐고요? 혹시 코르크 병마개란 말을 들어 본 적이 있나요?

있다고요? 허허허, 맞아요. 주로 술병이나 기름병 마개로 쓰이지요. 그게 코르크랍니다.

코르크는 더위와 추위, 햇볕과 비를 견디게 해 줍니다.

원래 코르크는 도토리나무 껍질로 만듭니다. 그러니까 도토리나무 껍질을 코르크라고 할 수 있습니다. 물론 다른 식물들도 코르크를 만들어 낼 수 있지요.

사람들도 코르크를 아주 유익하게 이용합니다.

우선 병마개로 쓰지요. 구두 바닥에도 코르크로 만든 조각을 넣습니다. 그러면 비가 와도 구두가 젖지 않습니다. 밑으로부터 올라오는 습기를 코르크가 막아 주거든요. 아주 추운 나라에서는 옷도 코르크로 만듭니다.

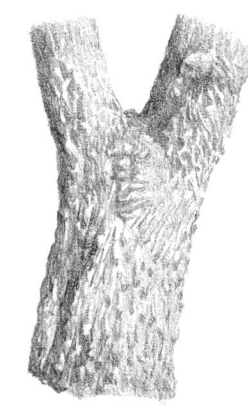

도토리나무

울퉁불퉁한 도토리나무의 껍질은 코르크의 재료가 됩니다.

여덟 번째 이야기

밀의 지혜를 배워서 날아다니는 새

 장작은 가로로 쪼개지지 않아요

살아 남기 위해서 식물들은 줄기를 여러 가지로 만들지요. 특히 쌍떡잎식물 줄기는 아주 튼튼합니다. 반대로 외떡잎식물 줄기는 그리 튼튼하지 않지요.

우리들은 더 이상 외떡잎식물을 비난하지 않기로 했지요? 외떡잎식물들로서는 어쩔 수 없었으니까요.

쌍떡잎식물이든 외떡잎식물이든 세포를 쌓는 방법은 같습니다.

자, 나무 줄기를 자세히 들여다볼까요? 껍질을 조금 벗겨 보아도 좋아요.

껍질이 어느 쪽으로 늘어져 있나요?

"모두 하늘 쪽으로 늘어져 있는데요?"

그래요, 맞습니다. 잘 관찰했어요.

한해살이 풀도 보세요. 억새나 갈대도요.

"역시 껍질들은 하늘 쪽으로 뻗었어요, 아저씨."

맞아요. 모든 식물이 다 그렇답니다.

여러분들은 바나나 껍질을 벗길 때 위쪽에서 벗겨 내리지요? 설마 바나나 껍질을 옆으로 벗겨 내는 사람은 없을 겁니다.

나이테가 있는 나무 속살도 마찬가지입니다. 모두 세로로 뻗어 있거든요.

왜 식물 껍질은 세로로 뻗어 있을까요?

장작 패는 요령을 알면 그냥 이해가 될 겁니다. 장작을 패려면 우선 톱으로 일정하게 토막을 내지요. 그런 다음, 나무 토막을 세로 방향으로 쪼개야 해요.

만약 가로 방향으로 쪼개려고 한다면

"저런 미련한 사람 보게. 나무는 결대로 쪼개야 잘 쪼개지지."

이렇게 웃음거리가

되고 맙니다. 나무를 가로로 쪼개려고 하면 좀처럼 쪼개지지 않거든요.

왜 그럴까요? 벽돌이나 다름없는 세포를 세로로 쌓았기 때문입니다. 그러니까 가로 방향이 아주 강한 것입니다. 반대로 세로 방향은 약해질 수밖에 없지요.

식물의 몸 속에 있는 물관이라든지 체관도 모두 세로로 뻗어 있어요. 그러다 보니 식물의 줄기는 가로 쪽이 아주 강하답니다. 식물은 가로 쪽을 강하게 하려고 세포를 세로 방향으로 쌓은 거예요.

반대로 식물이 가로로 세포를 쌓았다면

"그렇다면 껍질도 가로 방향이고, 물관이나 체관도 가로 방향이라는 말이지요. 그렇게 되면 우리 식물들의 줄기는 힘이 없어져요.

그렇다고 사람들처럼 줄기 속에다 철근을 박을 수도 없는걸요. 아마 약한 바람에도 가지는 쉽게 부러지겠지요. 사람이나 동물이 조금만 밀어도 부러지고요."

이렇게 식물들은 쉽게 부러지겠지요. 바람을 견디려면 가로 방향이 강해야 하거든요. 바람이 하늘에서 땅 쪽으로 부는 일은 없으니까요.

여러분, 세로로 불어 오는 바람을 보았나요? 하늘

에서 수직으로 부는 바람을 보았냐는 물음입니다. 그래요. 바람은 그렇게 불지 않아요. 대부분 옆으로 불지요.

이제 식물의 껍질이 왜 세로로 뻗는지 알겠지요?

 외아들을 기르는 두릅나무

어떤 나무는 가지에다 눈 하나만 움 틔우기도 합니다.

"우리는 많은 눈을 만들지 않아요. 미련하게 왜 그런 짓을 해요. 하나만 잘 키우면 되지요."

바로 그런 생각을 하는 식물들입니다. 여러분들 부모님처럼요.

그러다 보니 가지에 매달린 눈은 지나친 보호를 받습니다. 줄기는 그 외아들에게 모든 영양분을 다 주지요. 그 외아들이야말로 줄기의 희망이니까요. 외아들이 없어지면 줄기도 죽게 되거든요.

"아저씨, 어떤 식물들이 외아들만 길러요?"

두릅나무입니다.

두릅이야말로 맛나는 음식이지요. 여러분들도 좋아

두릅나무
두릅나무는 주로
한 가지에 한 개의 눈만
키웁니다.

하지요?

두릅 가지에는 대체로 눈이 하나밖에 없어요. 사람들이 나무 전체에 있는 순을 다 뜯어 버린다면 나무는 죽게 돼요. 반드시 한두 개쯤은 남겨 두어야 해요.

그런데 안타깝게도 사람들에게는 그런 너그러움이 없답니다. 나무야 죽든 말든 보이는 대로 다 뜯어 버리거든요. 그래서 두릅나무는 제대로 살아 보지도 못하고 죽게 됩니다.

두릅나무가 죽어 있는 모습을 보면 안타까운 나머지 발길이 떨어지지를 않아요. 어쩌다 겨우 목숨을 건진 두릅나무 가지는

"사람들만 아니면 우리는 행복하게 살 수 있어요. 우리들은 외아들을 아주 잘 키운답니다. 가지 곳곳에다 무시무시한 가시를 만들어 놓고, 벌레나 곤충들이 어린눈을 갉아먹으려고 오면 그 가시로 이놈들! 하고 혼내 주지요.

그래서 풀을 먹는 동물들도 우리 어린눈을 뜯어 먹지 못해요. 게다가 우리들은 아주 키가 커요. 그러니 기린 같은 동물이 아니면 우리 어린눈을 뜯어먹을 수 없어요. 오직 사람들만 빼고요."
하고 간절하게 말합니다. 사실 두릅나무 운명은 사람들에게 달렸어요. 이미 야생 두릅나무는 거의 멸종되어 가고 있거든요.

이렇게 사람들 욕심 때문에 멸종된 생명체가 수백 가지랍니다.

 속을 비우는 밑의 위험한 모험

가끔씩 건물이나 다리가 제 무게를 이기지 못하고 무너지는 경우가 있어요. 사람들 세상에서는 그런 일이 많지요. 다리를 떠받치고 있는 기둥이 너무 약하기 때문이랍니다.

식물도 자기 줄기가 휘어질 정도로 무거운 무게를 떠받치고 있는 경우가 있어요.

밀을 유심히 본 적이 있나요?

"아저씨, 맞아요. 밀은 가느다란 줄기로 아주 무거운 이삭을 떠받치고 있어요."

"벼나 보리도 그래요. 왜 그렇지요 아저씨?"

아, 알았어요. 이제부터 그 이야기를 할 테니까 너무 조르지 말아요.

밀대는 제법 키가 큰 편입니다. 그 이유를 밀대에게 물어 보면

"허허허, 간단해요. 이삭을 땅에 닿지 않게 하려고 하다 보니 키가 커졌어요. 일부러 키 자랑을 하고 싶은 마음은 없어요. 다른 이유가 또 있다면……, 옳지, 다른 풀에게 시달림을 받지 않으려고 노력하다 보니 키가 커졌지요. 사실 우리 밀은 마음이

부럽다

약하답니다. 늘 이웃들에게 피해를 주지 않으려고 신경을 쓰다 보니 줄기가 아주 가늘어졌어요. 만약 줄기가 뚱뚱해지면 이웃에게 닿아서 피해를 주잖아요?"
하고 대답합니다.

가늘어진 밀대는 늘 바람에게 시달렸어요. 툭하면 부러지거든요.

밀은 어떻게 하면 바람을 이겨낼까, 생각하고 또 생각했어요. 그러다가 좋은 생각을 떠올렸어요. 밀대를 가늘게 하고 속을 비우는 거였어요.

새는 날아오르면서 날개로 공기를 차지요.

날개는 나는 데 지장이 없도록 매우 가벼워요. 날개뼈 속을 비우고 뼈를 둥글게 했거든요. 밀대하고 비슷한 모양이랍니다.

그래서 새는 가볍게 하늘을 날아오를 수 있지요.

둥글고 비어 있는 새들의 뼈는 모두 밀대를 본받았답니다. 가벼우면서도 단단하거든요.

사람들도 밀대의 지혜를 배워서 다리를 놓았어요. 다리를 힘있게 받쳐 주는 기둥도 속이 비어 있는 경우가 많답니다.

만약 밀대 속이 꽉 채워져 있었다면 그 후리후리한 키 때문에 모두 쓰러지고야 말겠지요.

대나무도 마찬가지랍니다. 속이 비어 있기 때문에 아무리 강한 바람에도 꺾이지 않는 거예요.

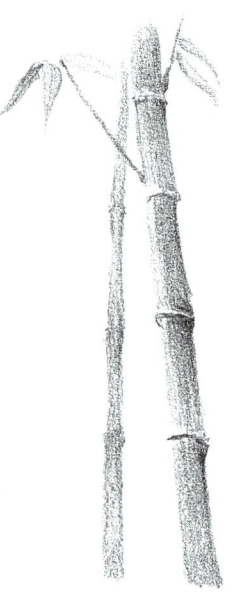

대나무
속이 비어 있는
대나무는 강한 바람에도
꺾이지 않습니다.

 갈대와 도토리나무

이쯤에서 아저씨가 재미있는 이야기 하나 할게요.
옛날에 갈대와 도토리나무가 살았답니다.
평소에도 도토리나무는 아주 거만하고 잘난 체하기를 좋아했지요. 사실 그 근처에서 도토리나무보다 큰 식물은 없었으니까요. 게다가 도토리나무는 아주 단단하기로 유명했으니 거만한 게 당연하지요.

어느 날 갑자기 강한 바람이 불었습니다.
도토리나무가 갈대에게 말했어요.
"갈대야, 돌풍이 무섭지? 나는 이까짓 돌풍에는 끄떡도 하지 않아."

갈대도 기다렸다는 듯이 대답했지요.
"나도 무섭지 않아. 나는 몸이 너만큼 강하진 않지만 꺾이지 않도록 몸을 구부리니까."

갈대는 바람이 불 때마다 몸을 낮게 구부렸습니다. 물론 갈대는 강한 바람을 어떻게 이겨내는지 도토리나무에게 가르쳐 주지 않았습니다. 거만한 도토리나무가 자기 말을 들을 리 없었거든요.

도토리나무는 강한 것이 잘 부러진다는 생각을 하지 못했답니다. 여러분들도 알다시피 도토리나무는 무척 단단한 나무랍니다. 톱질하기조차 힘든 나무 질을 가지고 있어요.

그런 도토리나무가 갈대의 충고를 듣겠어요?

보리

갈대는 성실하게 살아가는 풀입니다.

갈대가 사는 늪은 대단히 살기 힘든 곳이지요. 더구나 갈대처럼 키가 크고 약한 식물에게는 더욱 살기 힘든 곳이에요. 그러다 보니 갈대는 생각이 많아졌어요.

어떻게 하면 강한 바람을 이겨낼 수 있을까?

갈대는 끊임없이 그런 생각을 했어요. 여러 가지 방법을 써 보았습니다. 줄기를 튼튼하게 해 보았지만 번번이 바람에 부러졌거든요.

그러자 도토리나무가 말했어요.

"갈대야, 걱정 마라. 내가 바람을 막아 줄 테니까 내

벼

밀이나 갈대, 보리, 벼들은 줄기 속을 비워서 비바람에도 부러지지 않고 살아갑니다.

옆으로 오거라. 나는 어떤 바람이라도 이겨낼 수 있어. 내가 마음이 변하기 전에 와."

갈대는 머리를 흔들었어요. 밀대를 떠올렸거든요.

"아니야, 나는 괜찮아. 이제 두고 봐."

갈대는 밀대에게 배운 그대로 줄기 속을 비웠어요. 도토리나무는 비웃었지요.

"갈대야, 너는 참 어리석구나. 그렇게 가늘고 속이 텅 빈 줄기로 바람을 이겨낸다고? 더구나 네 이삭은 제법 무거울 텐데 말야. 비라도 맞아 봐. 네 이삭은 엄청나게 무거워질 테니까. 그걸 너는 어떻게 떠받치고 있을래?"

갈대는 두고 보라고 했어요. 도토리나무는 깜짝 놀랐지요. 갈대가 아주 훌륭하게 비에 젖은 이삭을 떠받쳤거든요. 바람도 슬기롭게 극복했고요. 아무리 바람이 불어도 끄떡없었어요.

벼도 밀의 도움을 받아서 속이 빈 줄기를 만들었어요. 벼는 그 나름대로 기술을 더 발전시켰어요. 매듭까지 만들어서 줄기를 더욱 더 강하게 만들었거든요. 그래서 벼는 밀대보다 더 강하게 된 겁니다.

그뿐이 아닙니다. 영리한 벼는 줄기가 쉽게 썩는 걸 막아 주는 물질까지 만들어 냈어요.

볏짚 속에는 차돌과 비슷한 성분이 들어 있어서 썩지 않게 해 주거든요.

열대지방에서 자라는 야생 벼는 부싯돌처럼 불꽃을 튕겨 내기도 해요. 차돌과 비슷한 성분들이 서로 부딪히면서 불꽃을 내는 거지요.

"부드럽게" "우아하게"

사람들이 볏짚을 엮어서 지붕으로 쓰는 이유는 잘 썩지 않는 차돌과 비슷한 성분이 있기 때문입니다.

벼가 어떻게 그런 성분을 만들어 내는지는 알 수가 없어요. 인간들 과학으로도 알 수 없다는 뜻이지요.

자, 갈대와 도토리나무 이야기로 돌아가지요. 그럼 도토리나무는 어떻게 되었을까요?

예, 강한 도토리나무 가지는 바람을 이기지 못하고 부러지고야 말았어요. 도토리나무는 쌍떡잎식물입니다. 뿌리도 튼튼합니다. 줄기도 외떡잎식물보다 단단하지요.

어쨌든 바람을 이겨내는 방법은 외떡잎식물인 갈대가 도토리나무보다 훌륭했어요.

외떡잎식물들도 이렇게 뛰어난 부분이 있답니다.

속을 텅 비게 해서 바람을 이겨 내는 외떡잎식물들 지혜를 보면

"외떡잎식물들은 줄기를 너무 약하게 만든단 말야." 하고 손가락질하던 사람들 손이 부끄러워질 겁니다. 여러분, 이제 정말 알았지요? 외떡잎식물들도 훌륭하게 지혜를 모아서 살아간다는 사실을요.

갖가지 모양으로 만들어지는 가지

식물에게 햇볕은 목숨이나 다름없답니다. 잎은 이슬보다 햇볕을 더 원해요.

여러분도 화분을 집 안에다 놓아 본 적이 있지요? 그 화분을 잘 관찰해 보세요. 식물은 조금씩 창 쪽으로 몸을 기울입니다. 사람들이 느끼지 못할 만큼 천천히 움직이지요.

다시금 화분을 반대 방향으로 돌려 놓으면 몸을 비틀면서 창 쪽으로 순을 뻗칩니다. 식물은 빛이 들어오지 않으면 죽고 말지요.

안간힘을 다해서 햇볕을 향해 몸을 뻗치지만, 햇볕이 없으면 지쳐서 시들어 간답니다.

식물은 산과 들에서 자라야 합니다.

아무리 인간들이 식물을 잘 길러도 산과 들에서 자라는 식물들만큼 행복할 수는 없어요.

식물들은 이렇게 햇볕을 조금이라도 받아내려고 많은 노력을 하지요.

대자연은 원래 공평합니다. 누구나 햇볕을 쪼일 권리가 있지만, 식물들은 공평하게 햇볕을 쬘 수가 없어요.

왜냐고요? 어떤 식물은 키가 크고 어떤 식물은 키가 작기 때문이죠. 또 어떤 식물은 잎이 크고 어떤 식물은 잎이 작기 때문이기도 하고요.

아무래도 작은 식물들은 늘 불리하지요. 그렇다고 가만히 앉아서 죽을 수는 없어요. 작은 식물들은 햇볕을 쪼이기 위해서 나름대로 지혜를 모아야 해요.

작은 식물의 지혜는 가지 모양으로 드러납니다.

작은 식물은 햇볕을 볼 수가 없어요.

"야, 밤나무야. 우리도 햇볕을 좀 쪼이게 가지를 비켜 줘."

작은 식물이 그렇게 소리쳤어요.

물론 밤나무는 들은 체도 하지 않아요.

"밤나무야, 부탁이다. 우리도 햇볕을 볼 권리가 있다고. 햇볕은 우리 모두의 것이야. 제발 부탁이야. 같이 살자, 응?"

여전히 밤나무는 작은 식물의 부탁을 들어 주지 않아요. 들어 주다니요? 더욱 많은 잎을 가지에다 매달아서 햇볕을 막아 버리는걸요.

작은 식물은 절망했습니다. 그렇게 절망하다가 죽

어 간 식물들도 있었지요.

또 그 중에서 몇몇 식물들은 높이 오르는 걸 포기하고는 가끔씩 들어오는 햇빛만으로 살아가기도 했습니다. 바로 그들을 우리는 '음지식물'이라고 부릅니다.

또 다른 식물들은
"우리는 절대로 포기할 수 없어."
하고 나무 위를 쳐다보더니
"옳지, 저 키 큰 나무들을 이용해서 우리들 줄기를 쌓아 가면 되겠군."
하는 생각을 해 냅니다. 이 때부터 줄기를 만들어 가는 세포들이 바빠졌어요. 세포들은 위태롭지만 가느다란 줄기를 만들어 가지요.

옆에 있는 나무를 빙글빙글 돌아가면서 줄기를 만들어 냅니다. 키 큰 나무를 기둥으로 이용하면서요. 처음에는 서툴지만, 세월이 흐르다 보니 자유자재로 가지를 만들어 냈어요.

키 큰 나무는 훌륭한 기둥이 되었지요. 그 기둥을 이용해서 가지를 칭칭 감거나 올려놓으면 됩니다. 그러니 얼마나 편하겠어요?

식물에게는 햇볕이 아주 중요하지요.

나무를 타고 올라가야만 살 수 있는 칡덩굴

옛날 어느 숲에 작은 칡이 살고 있었어요.

칡은 위로 자라지 못합니다. 줄기를 위로 쌓아올리는 기술이 없거든요. 빌딩을 짓는 기술이 없다는 뜻입니다. 그러니 누군가 지어 놓은 빌딩이나 아파트에 신세를 져야 해요.

키 큰 나무들은 다 칡을 싫어해요. 귀찮거든요. 칡은 옆에 있는 나무들에게 사정을 했어요.

"도토리나무님, 실례합니다. 제가 당신 허리를 붙잡고 올라가면 안 될까요?"

"소나무님, 제발 소나무님을 붙잡고 올라가서 딱 한 번만 햇볕을 보게 해 주십시오."

도토리나무나 소나무는 고개를 흔들었어요. 이번에는 단풍나무에게 부탁을 했습니다.

"단풍나무님, 제발 제 부탁을 들어 주세요. 저는 그동안 너무 어두운 그늘에서만 살았습니다. 저도 햇볕을 보고 싶습니다. 그러니 제발 도와 주십시오."

단풍나무는 불쌍한 칡을 가엾게 생각했어요.

"그래, 얼마든지 그렇게 하려므나."

칡은 고마워서 몇 번이나 절을 했습니다.

그날부터 칡은 빠르게 줄기를 만들었어요. 칡줄기는 단풍나무를 붙잡고 자꾸만 위쪽으로 줄기를 쌓아 갑니다. 단풍나무는 훗날을 생각하지 못하고 호의를 베푼 셈이지요.

이 착한 단풍나무는 곧 아주 곤경에 처하게 됩니다. 점점 몸이 답답해지거든요.

해가 지날수록 칡덩굴도 커집니다. 그러니까 자연스럽게 단풍나무의 줄기를 조이는 꼴이 되었어요.

그러자 단풍나무는 칡에게 점잖게 말했습니다.

"아이고, 숨이 차구나. 이제 적당히 내려가 줄래?"

이 때 칡은 빙그레 웃으면서 고개를 흔들었어요.

"미안하다. 나를 살게 해 주어서 고맙지만 그럴 순 없어. 너처럼 큰 나무를 타고 올라가지 않으면 살 수가 없으니까. 너도 한번 생각해 봐. 그 축축하고 어두운 그늘 밑에서 어떻게 살겠니? 햇볕 한줌 들어오지 않으니 살 수가 없어. 만약 네가 나라면 어떡하겠니? 너도 나처럼 내려가지 않을 거야."

"칡아, 나는 그런 나쁜 나무가 아니야. 일단 내려갔다가 다시 올라오면 되잖아?"

"안 돼. 절대로 그럴 수는 없어."

칡은 단풍나무 말을 듣지 않았어요.

그리고 단풍나무보다 크고 넓적한 잎이 달린 덩굴을 사방으로 뻗으면서 햇볕을 가리기 시작했습니다.

숨막힘보다 햇볕을 볼 수 없다는 사실이 단풍나무에겐 더 괴로웠어요. 단풍나무는 가지를 더욱 더 높은 곳으로 뻗어 보려고 발버둥쳤어요. 그것은 쇠사슬에 묶인 장수의 몸부림이나 마찬가지였습니다.

단풍나무가 새 가지를 뻗으면 칡은 훨씬 빠르게 그 가지를 휘감아 버렸습니다.

"제발 살려 줘. 제발 살려 줘!"

단풍나무가 눈물을 흘리며 말했어요. 그러나 오랫동안 그늘에서 살아 온 칡도 어쩔 수 없었지요.

결국 단풍나무는 죽고야 말았습니다. 햇볕을 받을 수가 없었으니까요.

아무튼 그런 일이 있은 후로, 나무들은 덩굴식물을 두려워하게 되었답니다.

줄기를 덩굴로 바꾼 식물들은 도토리나무나 밤나무보다 강한 식물이 되었어요.

처음에는 작지만 덩굴을 내뻗기만 하면 나무들은 벌벌벌 떨었어요. 덩굴식물에게 붙잡히면 살아 남는 나무가 없었으니까요.

이렇게 덩굴식물에게 죽은 나무는 쉽게 볼 수가 있습니다. 그래서 사람들은 칡을 캐내면서

"산림을 파괴하는 무법자가 바로 이놈의 칡이다!"

"칡덩굴을 다 걷어 버려라!"

하면서 칡덩굴을 죄인 취급합니다.

과연 칡이 죄인일까요?

아닙니다. 칡으로서는 어쩔 수 없었어요.

여러분들 생각은 어때요?

여러분이 만약 칡이었다면 어떻게 살겠어요? 햇볕 한줌 들지 않는 나무 그늘 밑에서 살려면 어떻게 해야 할까요? 역시 칡덩굴처럼 나무를 붙잡고 올라가는 수밖에 없지요?

 식물들도 오른손잡이와 왼손잡이가 있어요

자, 왼손으로 밥 먹는 사람 손들어 봐요. 아, 생각보다는 많군요.

"아저씨, 저는 왼손으로 밥 먹는다고 매일 엄마한테 꾸중들어요. 그래도 어쩔 수 없어요. 고치려고 해도 고쳐지지 않아요. 왜 사람은 왼손잡이가 있을까요?"

허허허, 걱정 말아요. 남자와 여자가 있듯이 오른손잡이와 왼손잡이가 있는 법이니까요. 그것은 병이 아니랍니다. 식물들도 오른손잡이와 왼손잡이가 있는걸요. 정말 그래요.

나팔꽃
나팔꽃은 왼쪽으로만
타고 오르는 왼손잡이
식물입니다.

어떤 덩굴식물들은 왼쪽으로만 휘감아요. 왼손잡이이거든요. 나팔꽃, 메꽃 같은 식물입니다.

나팔꽃은 여러분들이 잘 아는 식물이지요. 메꽃도 나팔꽃과 비슷합니다. 사촌지간이라고 할 수 있어요. 다만 꽃 색깔이 약간 연하고, 나팔꽃보다 더 종류가 많아요. 바닷가에도 많답니다.

반대로 오른쪽으로만 감아 오르는 식물도 있어요. 오른손잡이이기 때문입니다. 홉이나 인동줄기가 그래요.

홉은 주로 재배하는 식물이고 맥주를 만드는 원료입니다.

인동은 야생화인데 예로부터 약초로 쓰였습니다. 겨울에도 잎이 파랗지요. 겨울을 이겨 내는 식물이라고 해서, 겨울 동(冬) 자와 참을 인(忍) 자를 써서 인동이라고 합니다.

그렇게 덩굴식물들이 왼쪽 또는 오른쪽으로 도는 것은 그 식물 특유의 버릇 때문입니다. 사람의 왼손잡이 오른손잡이와 같아요. 절대로 그 버릇은 바꿀 수 없어요.

가령 왼쪽으로 올라가는 나팔꽃이 있다고 쳐요. 그

줄기를 풀어서 반대 방향으로 바꾸어 놓으면 어떻게 될까요?

나팔꽃은 곧장 원래의 방향으로 돌아간답니다.

"너희들이 억지로 내 줄기를 바꾸어 놓아도, 나는 원래의 방향으로 돌아갈 수밖에 없어."

이렇게 말하고는 자신의 고집을 꺾지 않아요.

인동덩굴도 마찬가지입니다. 꼭 자기 방향만 고집하거든요.

인동은 자신과 반대로 도는 나팔꽃에게

"저런 바보 같은 놈. 너는 왜 반대로 도니?"

하고 욕하지만, 나팔꽃 역시

"바보는 바로 너야. 사람들도 왼손잡이가 있다고."

하면서 인동을 비꼬거든요.

인동

겨울을 이겨내는 인동은 오른손잡이 식물입니다.

 겨울잠을 자는 식물

식물들은 줄기라는 건물을 지을 때 어떤 점을 가장 많이 생각할까요? 바람일까요 아니면 더위일까요? 그렇습니다. 추위를 가장 많이 생각합니다.

사람이나 동물이나 모두 겨울을 두려워합니다. 특

히 개구리나 뱀은 겨울을 싫어하지요. 동물들은
 "춥다고 불평해 봤자 소용없지요. 우리 스스로 추위를 이겨내는 수밖에 없어요."
하면서 훌륭하게 겨울을 이겨냅니다.
 "우리들은 흙이 얼마나 따뜻한지 알거든요."
 어떤 동물들은 겨울이 되면 땅 속에다 굴을 파고 잠을 잡니다. 대신 여름내 많은 영양분을 몸에다 저축해 놓아요. 그래야 겨울에 먹지 않아도 살 수 있을 테니까요.
 식물도 동물만큼 영리해요. 동물처럼 땅을 이용하거든요.
 "우리 식물들은 항상 불리합니다. 춥다고 해서 사람들처럼 따뜻한 곳으로 움직일 수도 없어요. 새들은 겨울만 되면 따뜻한 곳으로 날아가더군요. 사람들은 따뜻한 방에서 지내고요.
 우리들은 움직일 수가 없답니다. 그러니 몸이 약하면 큰일이지요. 다행히도 나무처럼 두꺼운 코르크 옷을 입고 있다면 몰라도요.
 물론 허약한 식물들도 있는 법입니다. 우리는 몸이 허약한 편이지요. 그래서 우리들은 겨울을 나기 위해

고민하다가 흙이 따뜻하다는 사실을 알았어요. 그 후부터 우리는 줄기를 땅 속으로 뻗고, 그 줄기에다 음식 창고를 만들었어요. 참으로 현명한 선택이었지요."

어떤 한해살이 식물의 말을 듣다 보면 식물들이 얼마만큼 슬기롭게 사는지 알 수 있어요.

땅 위에 있는 식물 줄기는 가을이 되면 시들지요. 그러나 땅 속에 있는 줄기는 시들지 않아요. 그렇다고 언제까지나 땅 속에서 살 수는 없어요. 식물은 태양볕을 쬐지 못하면 죽으니까요.

식물들은 이 문제를 슬기롭게 해결합니다.

햇볕을 보기 위해서 해마다 반씩만 죽거든요. 삶과 죽음을 둘로 나누는 셈이지요.

하나는 땅 속에서 생명을 유지하고, 하나는 땅 밖으로 나와서 잎을 펼치고 꽃을 피웁니다. 가을이 되면 땅 위에 있는 줄기는 시들어요. 땅 위에 있는 줄기는 땅속줄기를 위해서 사는 셈이지요. 여름내 많은 영양분을 땅속줄기에다 저장해야 하니까요.

땅 위로 솟은 줄기는 잔가지라고 할 수 있어요. 추위를 피해서 땅 속으로 숨은 가지가 본래의 줄기이고, 봄을 맞아 땅 위로 솟아오르는 줄기는 보조적인 가지

식물들은 추운 겨울을 어떻게 이겨낼까요?

랍니다.

가을에 시들어 가는 보조적인 가지의 슬픔은 그다지 중요하지 않아요. 새로운 눈이 벌써 땅속줄기에 붙어서 봄을 기다리고 있으니까요.

이런 땅속줄기는 감자처럼 볼품이 없어요. 감자 역시 자기 눈을 위해서 많은 영양분을 저장하다 보니 그렇게 볼품없어졌지요.

"헤헤헤, 우리 감자들뿐만 아니라 땅 속으로 줄기를 뻗는 식물들은 다 그래요. 줄기가 보이지 않으니까 외모에는 신경을 안 쓰거든요. 게다가 음식을 저장해야 하니까요. 여러분들도 보이지 않는 곳에서 산다면 외모에 신경을 쓰겠어요? 감자도 마찬가지랍니다."

감자 씨 걱정 마세요. 지금까지 아저씨 이야기를 들은 사람 중에서는

"감자나 둥굴레 뿌리는 못생겼어요!"

하고 말하는 사람은 없으니까요.

다 알아요. 땅 위에 있는 줄기는 날씬하게 뻗어서 태양 빛을 받아 일을 하지요. 땅속줄기는 어린눈을 겨우내 보호하고 식량 창고 노릇까지 한다는 사실을요.

그러니 자기 외모를 되돌아볼 틈이 없었다는 사실

을 이제는 아이들도 잘 안답니다.

둥굴레라는 식물에 대해서 덧붙이겠습니다.
둥굴레 땅속줄기의 겉모습은 영락없는 뿌리 같답니다.
"아저씨, 역시 우리 생각이 틀렸군요? 우리들은 줄기와 뿌리 구분을 너무 단순하게 생각하거든요.
땅 속에 있으면 무조건 뿌리, 땅 위로 솟으면 무조건 줄기라고 생각해요. 그렇게 구분을 하지 않으려고 해도 잘 안 돼요."

하하하, 잘못된 선입견을 바꾸기란 쉽지 않지요. 여러분들은 현명하니까 나는 걱정하지 않아요.

둥굴레는 봄이 되면 새순을 내민 다음 둥그스름한 잎이 달린 줄기를 매달지요. 잎이 둥글다고 해서 둥굴레라는 이름이 붙었답니다. 이름이 참 예쁘지요?

초여름에 하얀 꽃을 초롱 모양으로 피우는데 그 모습이 무척 아름다워요. 요즘은 관상용으로도 많이 심는답니다. 땅속줄기는 차를 끓이는 데 쓰고요.

둥굴레차라는 이름을 듣거든

"아하, 둥굴레 땅속줄기로 만든 차로구나."

하고 생각해도 좋아요.

둥굴레 같은 땅속줄기는 배의 옆구리에서 실뿌리를 내립니다. 바로 그것이 뿌리입니다. 땅속줄기 맨 앞에는 둥굴레의 눈이 보입니다. 눈은 언제라도 하늘을 향해 뻗어올라갈 자세를 취하고 있어요. 그 눈 때문에 뿌리가 아니라는 사실을 알 수 있지요.

자, 이제 알았어요?

혹시 여러분들의 부모님이 둥굴레차를 마시면서

"둥굴레차는 둥굴레 뿌리를 캐서 말린 다음 볶아서 만들지."

하고 말하면

"아니에요. 이것은 둥굴레 뿌리가 아니라 줄기로 만드는 거예요."

그렇게 자신있게 말해 주세요. 아마 어른들은 깜짝 놀랄 거예요. 뿌리와 줄기를 구분하는 데 우리는 너무도 잘못된 생각을 가지고 있거든요.